本学术著作获江西理工大学清江学术文库出版基金资助

本学术著作系江西省高校人文社会科学研究项目（XL19104）、

江西理工大学繁荣哲学社会科学研究项目（FZ18-YB-17）研究成果

我国市域社会心理服务研究

WOGUO SHIYU SHEHUI XINLI FUWU YANJIU

刘敏岚◎著

中国纺织出版社有限公司

图书在版编目（CIP）数据

我国市域社会心理服务研究 / 刘敏岚著. -- 北京：中国纺织出版社有限公司，2023.1（2024.3重印）
ISBN 978-7-5180-9626-8

Ⅰ. ①我… Ⅱ. ①刘… Ⅲ. ①城市社会心理学—心理咨询—咨询服务—研究—中国 Ⅳ. ①C912.81

中国版本图书馆CIP数据核字（2022）第108787号

责任编辑：顾文卓　　特约编辑：武亭立
责任校对：高　涵　　责任印制：储志伟

中国纺织出版社有限公司出版发行
地址：北京市朝阳区百子湾东里A407号楼　邮政编码：100124
销售电话：010—67004422　传真：010—87155801
http://www.c-textilep.com
中国纺织出版社天猫旗舰店
官方微博 http://weibo.com/2119887771
北京虎彩文化传播有限公司印刷　各地新华书店经销
2023年1月第1版　2024年3月第2次印刷
开本：710×1000　1/16　印张：13.5
字数：192千字　定价：88.00元

凡购本书，如有缺页、倒页、脱页，由本社图书营销中心调换

前言
Preface

中国共产党第十九次全国代表大会于2017年在首都北京召开，大会报告中强调，“加强社会心理服务体系建设”，并把它视作社会治理创新举措之一。“社会心理服务”一词并不是十九大首次提出的,2015年“十三五”规划中就已经提及，但直到十九大报告的中央文件中出现，才开始引起学术界的极大关注，特别是引发了心理学者们的广泛热议和持久热情。心理学者们对此表现出了极大的热忱，促使众多学者思索心理学的实践转向问题：在面对国家发展与社会治理的普遍现实需求背景下，心理学到底有没有足够的社会心理服务能力，以及如何让这种能力成为服务国家发展与社会治理的现实体系。十九大之后，中央有关职能部门就在着手研究如何在社会治理实践中贯彻落实这一新部署，各地政府也在积极筹谋本地区的社会心理服务与体系建设，特别是近几年来在一些城市开展的社会心理服务试点实践，试点地区也从12个扩展到如今的全国70多个。然而,“社会心理服务”毕竟是近几年来在国家政策层面出现的一个新名词，是我国社会治理中的新举措，学术界在此之前并无对应的系统研究，因此学者对它的概念与外延、理论与实践的困惑和争议颇多。争议能引发研究和探讨，笔者拟在已有学者的理论研究和现有市域社会心理服务体系实践的基础上，辨析社会心理服务与其他相关概念的含义，讨论社会心理服务在社会治理语境下的特点，展现市域社会心理服务的实然状况与应然意蕴，探索市域社会心理服务的社会力量与社区实践。

任何实践均要有理论做指导，也只有在理论指导下的实践才能行走在正确的道路上，能直指目标并更快地达成目标，取得更好的效果。本书致力于将心理倾向的社会心理服务置于社会建设大背景下进行研究，摸索出有效响应这个伟大时代需求、体现时代特殊性的心理学广阔实践空间！本书将在前两章中对社会心理服务的有关概念进行比较，以厘清社会心理服务的内涵与外延，清晰认识社会心理服务在社会治理中的价值。第三章将对社会心理服务的实然现状进行梳理，以进一步厘清社会心理服务的来龙去脉与实践经验，对我国开展的社会心理服务进行宏观上的把握。第四章重点把社会心理服务的应然呈现于读者面前，在第一章概念理论的指导下分析社会心理服务的定位、开展模式、服务内容、服务资源和途径等，准确把握市域社会心理服务的理论，进一步指导市域社会心理服务的实践。第五章对社会心理服务的执行主体——多元社会力量进行分析，对社会力量开展的市域社会心理服务策略进行探讨。第六章探讨我国市域社会心理服务的社区行动，在西方社区心理服务的发展经验与教训的基础上，指出我国社区心理服务开展需要注意的事项。

可以说社会心理服务是近几年来的新生事物，它给学者们提供了广阔的研究空间，需要学者们在理论与实践上持续探索。遵循本源的社会心理服务定会有美好的前景，迎来发展的春天！

刘敏岚

目 录
Contents

第一章　社会心理服务的概念辨析

第二章　社会心理服务与社会治理

第三章　市域社会心理服务的实然状况

第四章 市域社会心理服务的应然意涵

第五章 市域社会心理服务的社会力量

第六章 市域社会心理服务的社区行动

第一章
社会心理服务的概念辨析

概念反映事物的本质和规律。任何一个事物只有在掌握其概念的基础上才不会与其他事物混淆，任何一种实践只有在掌握概念的基础上才不会走弯路。遵循社会心理服务的本源、体现社会心理服务的本质，是我国社会心理服务产生之初要格外注意的，唯有如此才能保证它的发展方向正确，充分发挥它应有的功能。

一、社会心理服务的界定

自2017年学界掀起社会心理服务的热潮以来，对社会心理服务的界定屡见不鲜，但在心理学界对它的定义仍莫衷一是。虽然如此，但至少可以让笔者站在前人研究的基础上去探知，在抽丝剥茧及逐一比较中逐渐呈现社会心理服务的内涵。

1. 社会心理的概念

社会心理为社会学、心理学的重要研究领域，同时亦是哲学的研究内容。

从哲学角度看，谈到社会心理就不能不谈及社会意识，这两者的关系十分密切。对于意识，马克思主义哲学科学地揭露了它的本质，认为意识是社会的人对客观存在的一种心理反映，是一种高级的人类心理反映形式。人脑是意识产生的物质基础，有了人脑才出现了人类所独有的这种高级心理反映形式——意识。[1]依据主体的不同，意识可分为个人意识和社会意识，而社会意识表现为人们在社会实践中形成的对社会生活精神层面的反映，是社会中一切精神现象的总和，它包括社会的意识形态、风俗习惯、时代精神以及社会心理等[2]。由上述论断可见，社会心理属于社会意识，是社会意识的一种表现形式，是社会意识的一个组成部分。同时哲学中也认为，社会心理只是社会意识的一种低级反映形式，但社会心理的低级层次并不代表它的重要性大打折扣。相反，社会心理这个层级往往与人们所能感知到的社会联系最为密切，它常常在人们的日常生活和交往等社会活动中表现出来，因而具有极大的普遍性和群众性，也因此拥有对社会及社会中的人们最为广泛的影响，这种影响很可能延伸到社会的每一个角落、每一组集群、每一种关系及每一位成员，这种影响使社会心理极有可能推波助澜社会风气的形成，因此社会心理成为社会意识结构中最基础的、最重要的、最具存在感的组成部分。

根据社会意识的主体不同，哲学上把社会心理分为个体心理和群体心理。[3]也就是社会心理包含了个体心理，个体心理和群体心理都是社会心理的一部分。不管个体心理还是群体心理，作为人类的心理，都属于人的意识范畴。两者不同的是，个体心理是针对个人的，是个体层面的意识范畴，群体心理是指向群体的，是群体层面的意识范畴。群体心理当然也不能离开个体心理，因为任何一个群体的最基本单位就是独立的个体，群体不能脱离个体而存在，群体心理也不能脱离个体心理而存在。人们对现实世界的反映总是由个体来承接的，即人们对社会现象的普遍反映总是受社会群体中的个体

---

❶ 杨耕．马克思主义哲学研究 [M]. 北京：中国人民大学出版社，2000.

❷ 李澄．论哲学与社会心理 [J]. 学术界，1989（2）：15-19.

❸ 李明华．作为社会意识的社会心理 [J]. 现代哲学，2006（6）：16-23.

所积累的全部个人经验和全部个性特征的制约，因而个体心理亦不能脱离群体心理而存在。

从心理学角度看，心理学在成为独立学科之前，它的研究内容包含在哲学之中，哲学是心理学的母体，从哲学中分化而来的心理学当然留有哲学母体的印迹，都认为社会心理是社会意识的一部分，只是哲学研究更宏观的社会意识，心理学研究更微观和具体的社会心理。心理学认为社会心理是共同生活在这个社会的群体对社会现象的普遍感知和整体理解，并由此产生的一段时期内充斥在社会群体中的整体感受与情绪状况。换而言之，社会心理是在社会认知基础上产生的社会的基本情绪状态、共同观念和价值倾向的集合，是人们对现实或想象中的社会生活、社会现象产生的认知、情绪及价值取向。

心理是人类与动物共有的一种反映形式，为了把人的心理与动物心理相区别，心理学将人类的心理唤作"意识"，意识特指人类的心理，因而在心理学界"意识"就成为人类心理的专属，这与哲学上的观点不同。与哲学不同的观点还表现在，心理学者将社会心理与个体心理分而论之，认为人类的心理可分为个体心理和社会心理。即个体心理与社会心理是两个并列的概念，而不是从属关系。当然，两者也有着必然的联系。个体总是有一定的社会归属，社会心理也总会寓于个体心理之中。同时，社会心理具有的广泛性、群众性，能够产生广泛的社会影响，因此社会心理在某种程度上能够影响、指导、控制个体的行为和心理活动，使个人不自觉地形成或做出与社会共识保持一致的态度与行为。但如同社会意识与个体意识不能画等号一样，社会心理也绝不等同于个体心理，整体大于部分之和，社会心理绝不是个体心理的简单相加。

社会心理为人类独有，社会心理自然成为心理学的研究对象，更是社会心理学的专门研究内容。中国人民大学的沙莲香教授指出，"社会心理是人类发展中的一种精神现象，在特定社会生活状态下产生的、互相影响的大多数人所共同具有的一种心理现象。"[1]社会心理包含社会认知、社会情绪、社会

---

[1] 沙莲香．社会心理学 [M].2 版．北京：中国人民大学出版社，2006.

动机、社会态度、社会行为、社会交往、社会舆论等内容，这些内容之间是相互关联的，如对社会现象的某种认知，会形成相应的社会情绪，当这种社会认知和社会情绪达到一定程度的时候就会催生出某种社会态度，这种社会态度的积聚又易产生某种社会舆论，社会舆论的力量推动着形成与之相应的社会动机，随后就有可能产生与之相一致的社会行为。

从社会学角度看，社会心理反映某一时期的整个社会精神面貌，表现一段时期或一个时代的社会多数人的人心向背。[1]社会中几乎所有要素，如政治、经济、文化、民族、宗教、历史、生态、风尚、民俗等都会给社会心理带来或直接或间接的作用，时代与社会心理像一对母女，时代孕育了社会心理，社会心理映照着时代。社会学更多地将社会心理放在社会的大背景下去理解，更关注社会要素对社会心理的影响。在政治、经济、文化正在发生转型的当下时代，社会心理也在经历着发展与变化，仇富、仇官心理，不劳而获心理，多拿多占心理、网络欺瞒心理、暴力化心理等终将成为影响社会发展的暗流。另外，社会心理同时也对政治、经济、文化的发展具有一定的反作用，社会心理通过影响个体的心理状态、社会风气及群体极化等进而转变为某种群体行为或社会言论，由此在一定程度上影响着社会及社会中的个体。

综合以上各学科视角下的阐释，笔者认为社会心理是社会个体或社会群体在一定时代下，通过与社会环境的互动过程产生的对社会的整体认知、情绪、态度和行为倾向。这个界定体现了以下几个方面的内容：一是强调了社会心理的主体不仅是社会群体，还包括社会个体，群体心理与个体心理都是社会心理的内容。因此着重个体心理的服务也应包含在社会心理服务的内容中，成为社会心理服务的基本构成。二是强调了社会心理的形成过程既脱离不了时代及社会环境的影响，更是在社会个体或社会群体与社会的相互影响过程中形成的。跳出心理学把社会心理放在更广阔的视野、更宏大的背景中去理解，社会心理服务入列社会治理不仅不足为奇，而且理应如此。三是社会心理的内容包括社会心态、社会互动及社会影响。首先，社会心态是人们

---

❶ 吴增基 . 中国人的社会心理与社会改革 [M]. 南京：江苏教育出版社，1996.

对自己与某一时代关系的集中反映，当前我国产生的各种社会心理现象，首先表现为社会心态问题，如：失调的社会认知、失态的社会情绪、失落的社会需求、失衡的社会态度、失范的社会行为；其次，社会心理还应包括人际与人—物层面的社会互动心理，因为科技的发展使得个体与个体之间的互动更加频繁，人际网络更加复杂，人与环境、科技的联系更加紧密，人们在构建对社会、对自然、对他人、对自身、对人际的关系时，无疑或多或少地会受到认知、情绪、态度、价值观的影响，可能出现认知偏差、去个性化、亲社会行为和侵犯行为等现象，严重时极易引发社会问题。再次，社会心理还应包括社会影响，每一个来到世间的个体都注定被置于某个特定的社会结构之中，既受到社会群体及社会环境的影响，同时也影响着社会群体与社会环境，如群体中的社会促进与社会懈怠、合作与竞争、从众与服从、群体思维与群体极化等。由此可见，社会心理服务的内容应是多层次、成体系的。

由此，社会心理具有以下几个特点：一是具有时代性。社会心理内显为某个特定时期内整个社会的个体与群体心理状况，它与时代紧密相连，外显为该时期内的社会舆论、社会风气和人们的言论和行为方式等。二是具有非个体性。社会心理虽然包含个体心理，但它更是群体的心理过程、心理倾向与心理特征，亦是个体与群体心理的互动过程，表现出非个体性的特点，因此社会心理包括社会整体的情绪基调、群体共同的价值取向和共识。三是具有非理性。社会心理是人们对社会现实的认识，这种认识不可避免地体现出自发、直接的特征，由此也就存在一些负面的、不正确的理解和反映，如果不及时引导或处理不当，社会心理的这种非理性便有可能引发更严重的社会问题。四是具有散播性。社会群体是社会心理的主体之一，社会心理因而体现出广泛的大众基础，一旦某种社会心理形成，极易造成泛化的社会影响，导致社会情绪的蔓延、社会舆论的扩散。五是具有稳定性。由于社会心理通常是一段时期内人们的共同心态，因而具有一定的持续性与稳定性，使得社会心理的发生发展及变化有规律可循，亦可针对不良的社会心理可以进行预防、干预及处置。六是具有影响性。社会心理是一定时期社会心态的集中反映，它通过社会群体的态度、意志等表现出来，影响着群体思维与决策，因而会直接或间接地影响着社会的运行与发展。七是具有变迁性。社会心理是对一定时代和社会的反映，时代与社会发生着时代变迁与社会转型，社会心理也随之发生变迁，因而时代的发展会影响或造就社会心理的发展。也就是说，社会心理服务不仅要应对已出现的问题，还需要对还没有出现的问题做出预案，唯其如此才能未雨绸缪，防患于未然。

当社会心理符合这个国家的时代发展与社会预期，它就是正向的；当这种社会心理有违社会发展与社会期望时，它就成为不良的社会情绪与社会心态，加上社会心理的以上特点，将导致不良社会心理的稳定存在、群体扩散、持续影响，进而产生群体性事件、突发事件，干扰社会秩序进而阻碍社会发展。

2. 社会心理服务的定义

理论是行动的先导，人们对社会心理服务内涵的不同认识决定着社会心理服务的实践走向。党的十八大以后，一些心理学者对社会心理服务的概念进行了研究，在学术期刊及学术会议中学者们发表了自己的看法，虽各不相同且没有形成统一的定论，但这些理解也有其相似之处，给人以启示。

有学者从社会学的视角出发，认为社会心理服务是现代化社会治理的内容，是创新社会治理的举措。目的是保障社会的长治久安，实现人们对美好生活的追求。社会心理服务的重点是预防和干预社会心理问题的发生与蔓延，实现对社会问题的预见性和预防性功能。

“社会心理服务以社会心理学的基本原理和基本知识为理论指导，以心理疏导、心理干预等为实践手段，通过疏导社会情绪，调整社会心态，引领社会价值，规范社会行为等内容以实现减少社会矛盾，降低社会风险，促进公平正义，有效维护社会安定的目的。”[1]“社会心理服务是依据我国国民社

---

[1] 周烈荣，唐功．关于加强社会心理服务体系建设的几点思考 [J]. 科教导刊，2018（5）：161-162.

会心理发生发展的本质和规律，以全体国民的需求为落脚点提供对应的服务”。[1]“其重要目的是实现社会宏观视阈下的心理建设，通过培养自尊自信、理性平和、积极向上的社会心态，为中国梦的实现齐心协力、砥砺奋进”[2]。

有学者从心理学的视角出发，认为社会心理服务是把握社会态度（如民情民意）的指向与形成，理解群体社会认知（如刻板偏见）的获得与发展，监测社会情绪的积聚与转变，控制社会影响（如社会舆论）的趋势与进程。[3]“社会心理服务是运用有关社会心理学的理论与方法对个人、家庭、社会团体与组织进行社会认知、社会心理咨询、社会心理引导、社会心理治疗、社会心理监测和社会心理评估的服务。”[4]“社会心理服务即社会心理的服务，表现在社会心态培养、社会情绪引导、社会预期管理、社会治理过程中心理学策略应用等。”[5]

站在前人研究的臂膀上，笔者认为可以从以下几个角度加深对社会心理服务的内涵与外延的理解。

一是理解社会心理服务与社会心理学的关系。社会心理学是心理学的一门分支学科，其本身也是一门科学，社会心理服务是一种实践。这两者有一个共同词汇“社会心理”，两者都以“社会心理”为活动对象。社会心理学是通过研究“社会心理”与社会行为现象，并透过现象探究其本质和内在规律的一门科学；而社会心理服务离不开对“社会心理”的关注。社会心理服务与社会心理学因此有了必然的联系，这也是心理学学术界对社会心理服务实践投入了极大热情的原因。

---

[1] 孙益颖．社会心理服务专业人才培养初探 [J]. 科教导刊，2019（5）：21-22.

[2] 辛自强．社会心理服务不等同于“治病救人”[J]. 北京观察，2018（9）：16-17.

[3] 俞国良，谢天．社会转型：社会心理服务与社会心态培育 [J]. 河北学刊，2018（3）：175-181.

[4] 李明林，刘敏岚．新时代社会心理服务特征及其困境 [J]. 黑河学刊，2019（1）：188-190.

[5] 池丽萍．对社会心理服务体系建设实践的反思 [J]. 心理技术与应用，2018（10）：588-589.

但社会心理服务在社会治理的语境下提出（本书第三章“市域社会心理服务发展的政策沿革”一节中将会详述），从提出之初就决定了我国的社会心理服务不应局限在社会心理学的范畴，心理学的其他分支学科和相关学科也应成为社会心理服务的学科支撑。如：积极心理学、发展心理学、社区心理学、环境心理学、健康心理学等心理学分支学科的理论知识与方法技能能帮助解释心理现象、处理心理问题；政治学、社会学、伦理学、管理学、教育学、人类学等与社会治理相关学科的理论知识也有助于对社会现象和社会问题的理解与应对。所以社会心理服务不是社会心理学的专属应用，社会心理服务也不能全仰仗于社会心理学的理论指导；社会心理服务应属于多学科的研究内容，需跨学科的理论指导，综合参考多学科的方法，以提高社会心理服务的效率。

二是理解社会心理服务与社会治理的关系。社会心理服务是在社会治理现代化的进程中提出的概念，它是社会治理的有效手段，是实现社会治理细微化的方式，是现代社会治理走向“善治”的一股助推力量和必然选择。社会治理的主体和客体均离不开人，决定了社会治理中必定会出现不少心理学问题，这类问题的解决决定着社会治理的最终成效。基于对人的心理与行为深刻理解之上的社会治理，理应是现代社会治理的思路；人类社会的发展就是一个不断满足社会成员越来越高、越来越多需求的过程，因此社会治理必须观照当前的民众心态，以柔性细微的方式从根源上和基层上做到预防和化解社会心理问题、改善和促进社会治理效果、提升民众社会生活幸福感。这也是社会心理服务的目的。

三是理解社会心理服务与社会公共服务的关系。我国社会公共服务的供给主体是以政府主导、以社会组织做补充，面向全体公民有保障地供应给他们需要的基本公共服务。[1]“社会性”和“服务性”是它的两个基本属性。“社会性”表现为公共服务的供给主体、公共服务客体及整个公共服务过程都在广泛的、公开的社会公共区域内进行，且针对广大的社会民众而非局限于特

[1] 李军鹏 . 公共服务体系国际化比较与建设 [M]. 北京：国家行政学院出版社，2015.

定群体；“服务性”表现为公共服务在供给与接受、传递与到达过程中是以服务而非现金、商品的形式出现。[1]社会心理服务也是以政府为主导、以社会力量为多元主体，面向全社会的服务。它也具备“社会性”和“公共性”这两个社会公共服务的基本特性，社会心理服务也应归入社会公共服务范畴，作为社会公共服务的组成部分。[2]

综合起来，社会心理服务可以理解为：以心理学的理论、技术和方法为主导，结合心理学分支学科和相关学科的理论和技术体系，通过预防、干预、解决社会心理问题，有效引导和控制社会行为，增进民众福祉，实现社会发展的一种社会治理方式。这种界定提示了以下内涵：一是明确社会心理服务是一种社会治理方式，因此兼具社会治理的特征，如治理主体的多元化、重点领域的基层化、核心思想的人本化、目标指向的善治化等。二是社会心理服务是一种基层公共服务。社会治理与公共服务之间有很多交集与共性，社会心理服务作为面向基层的一种“善治”模式，就是基层公共服务的表现，因此在社会心理服务过程中应淡化经济利益，强化民众利益。三是表明了社会心理服务与心理学及其他学科的关联。社会心理服务是一项专业性很强的工作，必须以心理学为主导、结合其他学科共同指导的一项工作，因此它的执行主体、服务过程、技术方法等方面都要体现科学、规范、专业。四是指出了社会心理服务的工作过程。是通过预防、干预、解决等过程来实现服务目标，因此社会心理服务不是单纯地解决问题，还要有预防干预等前瞻性、基础性的工作，如全民心理素质的提升、公民的社会与国家认同等。

目前心理学界对社会心理服务及其体系建设的研究最多，但在心理学界内部对“社会心理服务”这一概念的理解仍存在差异。如把社会心理服务理解成社会的心理健康服务；认为社会心理服务是针对社会心理的服务；还有

---

❶ 王磊，王青云 . 社会治理视域下的整合社会服务：逻辑、趋势与路径 [J]. 社会建设，2020（4）：56-67.

❷ 姚文琦，朱千 . 公共管理视角下社会心理服务体系建设的思考 [J]. 太原城市职业技术学院学报，2020（8）：20-25.

认为社会心理服务是一种社会的心理服务。第一种观点窄化了社会心理服务的概念，其主要依据是十九大报告的表述，在报告中把社会心理服务的目标表述为解决自尊自信、理性平和、积极向上的社会心态问题，而这些恰恰与心理健康服务的目标相吻合。第三种观点是对社会心理服务的广义认识。第二种观点介于这两者之间。概念不清将会把实践引向偏颇甚至错误的方向。由于社会心理服务在我国是新生事物，对它的本质的理解还需要理论与实践、学界与社会的多重探索。本书将运用比较的方法对这些文字上很接近、现实中也易混淆的概念进行一一辨析，在对比中尽量接近对社会心理服务的科学理解和准确把握。

因此接下来我们有必要对包括社会心理的服务与社会的心理服务，社会心理服务与心理健康服务，市域社会心理服务与社区心理服务等概念进行逐一比较。由于社会心理服务与社会治理的关系是一种更复杂的关系，笔者将在第二章专门论述。

二、社会心理的服务与社会的心理服务

自“十三五”规划首次提到社会心理服务，党的十八届五中全会再一次在提到这个新概念，之后在党和政府相关文件和有关会议中又被多次提及，但学术界到目前为止对“社会心理服务”的认识仍不一致。虽未达成共识，但这些不同观点和视角使我们对社会心理服务的认识有了更多的可能性，也使我们对社会心理服务的认识越来越接近其本质。

“社会心理服务”从字面上看有两种理解方式：广义和狭义。

把“社会心理服务”理解成“社会的心理服务”就是一种广义的认识，也是“中庸”的认识。为什么这么说呢？这种理解包罗了社会中开展的所有心理服务，既包括针对不同对象的服务，如公民个人、群体及整个社会，也包括不同类型的服务，如营利型和非营利型；既包括不同主体提供的心理服

务，如政府行为和民间行为，也包括不同形式的心理服务，如教育型和医疗型等。依照这种理解，社会心理服务的“社会”限定的是“心理服务”，而不是“心理”。因此这种语境下，社会心理服务可以表征为存在于社会中的一切与心理有关的服务内容与形式，总之，把一切与心理有关的所有可能性服务都罗列其中了，这样的理解过于宽泛，没法聚焦主责主业，在理论与实践中不易把握。

把“社会心理服务”看作“社会心理的服务”，则是一种狭义的认识，在这里，“社会心理服务”的“社会”限定的是“心理”，而非“心理服务”。它仅指社会心理的心理服务而非其他的心理服务。有学者认为“从本质上来看社会心理服务就是关于社会心理的服务”[1]，本书已在本章对社会心理服务的概念作了界定，可以理解为社会心理服务在对象上不仅包含社会层面的心理服务，也包括个体层面的心理服务，在服务的内容上既包括个体倾向的心理问题，也包括社会倾向的整体心态及整体心理素质问题，在服务的类型上主要指服务型而非营利型，是政府主导、社会组织共同参与的社会心理服务而非纯政府行为或纯民间行为。

从这个层面来说，作者更倾向“社会心理服务”应该理解为“社会心理的服务”，即对社会心理服务做一种狭义的理解，这种狭义的理解更能聚集事物的内在，贴近社会心理服务的本质。即社会心理服务是针对整个社会层面的心理问题进行的服务，如：增进社会各群体间（包括城乡之间、民族之间）的相互接触、接纳和融合；针对社会变迁造成民众的心理衍变开展的心理支持；针对突发性事件的心理冲击进行的心理调整。具体来说它包含问题心理的调适、良好心态的养成、社会预期的引导、社会治理中心理学的应用[2]，等等。因此它要面对并处理的问题是这个社会存在的一般性、群体性、突发性及影响性的社会心理问题。社会心理服务的核心目的是解决宏观层面的国民心理建设问题、中间层面的社会心态问题及微观层面的个体心理素质

---

[1] 池丽萍．对社会心理服务体系建设实践的反思 [J]. 心理技术与应用，2018，6（10）：588.

[2] 辛自强．社会心理服务体系建设的定位与思路 [J]. 心理技术与应用，2018，6（5）：258.

提升问题。

由此，虽然把社会心理服务看成是社会（的）心理服务，它的包容性更强，适用范围更广，但这个筐太大，什么都往里面装，往往容易导致胡子眉毛一把抓，更难把握重点、更难见诸成效。而且有些社会的心理服务与政策层面提出的社会心理服务是不相符的，如不符合公共性、服务性甚至公益性的特点。我们需要对“社会心理（的）服务”和“社会（的）心理服务”两者间差异做到清晰了然，把“社会心理服务”理解为“社会心理的服务”更符合我国社会心理服务提出的语境，更符合社会治理的实际。因此，站在这个视角考虑社会心理服务，更加符合党和政府提出社会心理服务的初衷及发展方向。

三、社会心理服务与心理健康服务

在理论与实践中有不少人把社会心理服务等同于心理健康服务，在社会心理服务的研究中将其简化为心理健康服务，在市域社会心理服务的开展中只有心理健康服务的内容。持这种观点与做法的人主要来自两部分，一部分来自我国各级卫生系统及教育系统的官员、学者，另一部分人群则主要是对心理学不甚了解的广大民众。

对于第一部分人，认为社会心理服务与心理健康服务在实践中没有差别，主要是受习惯性思维的影响。习惯性思维是人普遍存在的思维惰性或思维定式，人们容易把早已习惯的某一提法及做法延续到对当前新事物的理解中，它带来的后果是认知偏差。由于教育系统和卫生系统的心理健康教育或心理健康服务工作开展得较早，由来已久并卓有成效，给人印象深刻并形成相应的思维与行为习惯，因此这类人认为社会心理服务等同于心理健康服务也就不足为奇了。他们认为这两者的本质不变，只不过把此前一直在教育系统与卫生系统中开展的心理健康放到了更广阔的社会背景中，是在社会层面进行的心理健康服务。

对于第二部分人群来说，由于对心理学这门科学不甚了解，受制于经验的影响，习惯把日常生活中的具体表象代入对新事物的抽象理解中，容易造成对新事物理解的窄化或表面化，把社会心理服务等同于心理健康，甚至等同于心理咨询，这种浅化的认识在一般民众中并不少见，甚至很多人认为心理学就是心理咨询，心理学就是心理健康。笔者在做心理科学的宣传与推广时常会遇见带有这种偏见的人群，听说笔者是学心理学的，马上提出要求“您能不能给我咨询一下”。也有不少人感叹“好多学心理学的人都不会做心理咨询”。要知道心理咨询或心理健康只是心理学应用价值中很小的一项体现，除了应用心理学，心理学还有很广阔的学科空间。也难怪，相对于心理学的其他研究与工作内容来说，毕竟心理健康及心理咨询与个体联系更紧密，民众对它的认知度更高。国际上有世界心理健康日，我国有 5·25 心理健康节；心理健康教育课程成为不少学校的常设科目、有专职的心理健康教师及专门的心理健康活动；心理咨询门诊或心理科室成为综合性医院的必设科室；还有不少人及身边朋友有过在学校或医院心理咨询的经历。因此心理健康及心理咨询在社会民众中的认知度较高，把心理健康及心理咨询等同于心理学也就不足为奇了。

要正确理解“社会心理服务”的含义，需要回顾党和政府对这一提法在相关文件中的沿革。在本书第三章的“市域社会心理服务发展的政策沿革”中将对此做详细阐述，因此这里不做系统梳理，只做部分呈现。

“十三五”规划（2015 年 10 月 29 日通过）“推进健康中国建设”栏目中提到要“倡导健康生活方式，加强心理健康服务”，很明确地将“心理健康服务”的表述设定在全民大健康的语境下；“加强和创新社会治理”栏目里提及要“健全社会心理服务体系和疏导机制、危机干预机制”，这是社会心理服务第一次出现在国家的政策文件中，在这里我们可以很明确地知道“社会心理服务（体系）”是设定在社会治理的语境中论述。

《关于加强心理健康服务的指导意见》由包括国家卫计委（2018 年改为国家卫生健康委员会，简称国家卫健委）在内的 22 个国字号部委于 2016 年

12 月共同发布，文件提道："加强心理健康服务、健全社会心理服务体系是改善公众心理健康水平、促进社会心态稳定和人际和谐、提升公众幸福感的关键措施，是培养良好道德风尚、促进经济社会协调发展、培育和践行社会主义核心价值观的基本要求，是实现国家长治久安的一项源头性、基础性工作。"文件中的这段话表述得很明白，心理健康服务与社会心理服务中间由逗号隔开，即这两者是并列提出的，并不等同；文件认为心理健康服务与社会心理服务体系一样也要实现解决人们的不良社会心态问题、影响人际和谐问题、幸福感获得问题、社会风气以及时代精神问题等更宏观的社会问题。但同时我们也应看到"社会心理服务（体系）"这个词在文件中出现了十余次，虽然它不断被提及，但其主旨内容仍然是心理健康服务，或者说还是从心理健康的视角来谈论社会心理服务。例如，该文件中提及"个体心理行为问题引发的社会问题日益凸显"，"心理行为异常与精神疾病人数逐年增多，个人极端情绪引起的恶性事件时有发生，成为影响社会稳定和公共安全的危险因素"。这些表述表明对社会心理服务的认识还停留在由个体心理健康问题引发的社会问题上，没有看到还有更广阔的社会心理服务空间。前述"社会心理的概念"中我们已然知晓个体心理与社会心理的关系，明确了社会心理的确包含了个体心理，但绝不是个体心理的总和，社会心理问题也绝不仅仅由个人心理问题发展而来，社会心理问题的发生发展有其自身的内在而独特的规律。

2017 年 10 月在党的十九大《决胜全面建成小康社会夺取新时代中国特色社会主义伟大胜利》报告中提到的"加强社会心理服务体系建设，培育自尊自信、理性平和、积极向上的社会心态"出现在"加强和创新社会治理"的标题下，值得注意的是此次报告中并没有提及心理健康服务。可见此文件对心理健康服务与社会心理服务两个概念有了分化的认识，不再把这两者相提并论。

以上三个文件跨越三年，这三年来党和政府各项文件从开始把这两者混用，到后来对这两者分用，总体来说对社会心理服务的提法越来越清晰，即"社会心理服务"与"心理健康服务"是存在差异的两个概念，它们有各自明确的含义与指向，在理论上不能混同使用，在实践中不能相互取代。

那么，心理健康服务与社会心理服务究竟有着怎样的不同呢？

从服务目标上看，心理健康服务的目标主要关注个体，社会心理服务的目标主要关注社会。心理健康服务以促进个体的心理健康、和谐为目标，使个体心理的所有心理特征及整个心理过程均处于一种平衡协调状态。在这种状态下，主体对外可以积极进行环境适应，对内可以充分调动自身潜能。因此心理健康服务可以通过改善儿童和成人的心理亚健康状况，降低自杀率等，实现在预防心理疾病、促进精神疾病康复、提高个体适应性方面带来积极的变化。从党和政府的文件表述看，社会心理服务的目标是培养“自尊自信、理性平和、积极向上的社会心态”。也就是说，它不仅要促进个体心理健康和自我发展，促进家庭幸福，更要通过理性认知与平和情绪促进整个社会心态的积极向上，提升心理满意度与幸福感。

从服务的内容来看，心理健康服务是面向个体层面的，多数是解决个体或小群体层面的情绪问题、压力问题、人格问题、精神疾病问题等。个体心理问题的解决当然可以有效防止因个体因素引发的社会问题，但这不能成为社会心理服务的核心内容，更不是社会心理服务的全部意义。社会心理服务理应面向宏观层面的国民社会心态，解决群体性的、一般性的、涌现性的、突发性的社会心理问题及结构性问题，解决社会治理过程中出现的社会心理问题，如当前社会发展、两极分化等必将给全社会带来更大范围的心理压力、心理失衡及心理矛盾，而这种压力、失衡或矛盾是由结构性的社会问题导致的，包括相关的政策、制度及权利、机会等，这类结构性的社会问题不进行社会心理的调节和干预，可能会导致整个社会心态、社会情绪出现消极倾向。

从服务的时间向度来看，心理健康服务一般是解决当下已经发生了的心理问题，即有问题的心理个体或人群，特别是临床心理服务更是如此。而社会心理服务是一个事前、事中、事后的持续的系统服务，既要干预那些可能会引起群体不良心理反应的政策制度及行为倾向，也要应对已经发生并造成大范围不良影响的社会心态与群体心理事件，还要在经验的基础上、举一反三、防微杜渐，为今后政府决策与制度制定给予智力支撑。如果社会心理服务只有对事中的应对，那培养积极向上的社会心态及提升整个社会心理满意度与幸福感就无从谈起了。

从实现服务的机构与方式来看，心理健康服务的运行组织或平台包括医院的精神科门诊、教育系统的心理健康中心、企业的员工心理支持中心、社会的心理辅导机构等，它们通过临床咨询与治疗、社区宣传与预防、学校教育与培训、素质拓展与训练等方式手段达到心理服务的目标。社会心理服务是由政府（综治办或卫健委）牵头及进行政策资金的支持，由各市区县镇的社会心理服务的专门机构进行，心理健康服务的那些人员与机构、路径与方法也是社会心理服务所需要的，但社会心理服务又不仅限于此。

从归属学科来看，心理健康服务是从病理学和临床角度提供个人心理健康问题的解决方案，属于卫生服务体系的范畴；社会心理服务是整体发展的社会视角，从心理学、行政学、管理学多学科提供社会宏观层面的综合问题的解决方案，属于社会治理体系的范畴。

通过上述分析，我们可以看到，把心理健康服务等同于社会心理服务是没有准确理解社会心理服务的内涵、窄化了社会心理服务的外延的结果。正确的理解应该是：社会心理服务涵盖了心理健康服务，心理健康服务隶属于社会心理服务。没有这种认识就无法制定合适的社会心理服务政策、开展有效工作，不能贯彻落实社会心理服务体系的建设任务，更不敢奢谈达到社会心理服务的建设目标。拥有这种认识也就同时驳斥了“社会的心理健康服务”说法的不合时宜，前面作者已分析了，心理健康服务大多是指向个体的，对“心理健康服务”冠以“社会的”定语显得很不专业。

社会心理服务与心理健康服务除了存在前述的种种区别，还必须看到这两者还存在着本质上的密切联系，这一点不容忽略。

第一，社会心理离不开个体心理而存在，个体心理状态是社会心理状态不可或缺的因素，由此社会心理服务不能脱离着眼于个体心理的心理健康服务而存在；严重的个体心理或精神问题，不仅会给个体带来痛苦，还真有可能造成极端的影响广泛的社会案件或事件，这无疑会干扰社会秩序，影响社会稳定。因此这两种服务是密不可分的。

第二，社会心理服务也必须将个体的心理及感受作为制定规则、执行政策的一个重要依据，在服务过程中最大程度地考虑可能会引起个体心理消极变化的因素，个体心理健康是社会心理正常的基础，这样才能有助于社会心理服务宗旨的实现。

第三，对个体心理问题的深入分析之后，我们有这样的认识：个体心理状态的变化发展离不开社会环境，本质上它是个体有意或无意地受到一定社会文化环境的影响而形成的。人是社会的人，人们所面临的个体压力、内心冲突、焦虑抑郁等都是与社会相联结的，是社会影响或与社会互动的结果，因此让个体重获心理健康，重新以积极心态面对自己的人生及带动周围环境的改善，这当然应该是社会心理服务的应有内容。

第四，社会心理服务不管做得多么到位，也总会有个体心理问题的产生，因为个体心理问题有它产生的主观性和独特性，这时心理健康服务就成了社会心理服务发展中的重要力量，能兼顾到那些少数人，共同为人的全面发展及社会和谐做出自己的努力。

鉴于以上两者的区别与联系，笔者认为心理健康服务应成为社会心理服务的基本内容，同时它也应被看作社会心理服务的兜底内容。

四、市域社会心理服务与社区心理服务

1. 地域限制的两种心理服务

市域社会心理服务与社区心理服务是冠以地域命名的两种社会心理服务。

最早以“市域社会治理”为标题见诸学术刊物的应是2018年8月《社会治理》杂志刊发了时任中央政法委委员陈一新的学术论文《新时代市域社会治理理念体系能力现代化》，2020年伊始就有不少以“市域社会治理”为题

的文章陆续在学术刊物中出现，也因此有人提出了“市域社会心理服务”的说法，但此说法也仅见于网络、报刊或政府宣传及领导论述中，直至2020年10月底本文写作快结束时，中国知网收录的学术期刊上仍未有“市域社会心理服务”为主题的论文，但假以时日，相信以这一主题的学术成果将会越来越多。

市域社会心理服务是在地域上进行了限定，它是指一个城市的社会心理服务。“市域”概念的关键，不在于它的行政层级，而在于它的功能，市域是一个在各方面功能相对独立的层级，它在适应外部变化和调整内部结构上，具有一定的自主性。同时这种地域限定不只表现在社会心理服务的基层特点，还包括社会心理服务的意义、目标、实施途径等诸多方面的市域特点，把握市级主题、发挥市级优势、突出市级特点。具体来说，市域社会心理服务在以下方面有其独特之处：

第一，市域属于社会的中观层面，是整个国家社会心理服务的支点。市域是宏观与微观的转接点，在社会心理服务中市域这一层级起着承上启下、支点支柱的作用；市域社会心理服务既是整个社会心理服务开展落实的执行者、推广者，又是县域、社区心理服务最直接的引领者和推动者，市域好比是社会心理服务的“前线指挥部”，县域与社区则是“前沿阵地”，市域对县域、社区的影响力最强最直接。因此，“市域”的中观地位造就了它成为社会心理服务的支点和中坚力量。与县域、社区心理服务相比，对一些重大复杂问题的解决，市域有更多的优势，很多资源能够在市域层面统筹；与省域相比，市域社会心理服务更易开展和把控，更直接、具体、更接近基层，更能依据市域需求开展针对性的服务，也更能实现本土化的市域特色服务。

第二，市域社会心理服务在对社会心理问题的解决方面具有影响小、优势强、效率高的特点。市域是现实中各种矛盾、风险、突发事件的积聚地，在市域范围内可以第一时间预警、及时研判决策、迅速行动处理，防止系统风险和连锁事件发生的可能，发挥最大的边际效应，有效防止事件的扩散与外溢，把不良影响囿固在一市范围之内。同时把一市的平安、一市的良好社会心态汇聚成整个国家和社会的平安幸福。

第三，市域社会心理服务有更多行政资源与手段，能对社会心理问题进行综合与集成解决的功能优势。市域是人力、物力及各类信息资源的汇聚点，在市域范围内具备快速研判信息的学术优势、协调调动力量的资源优势、出台政策支持的行政优势。在各类资源上有规模效应和统筹余地。

强调市域绝不是各个城市各自为政，而是在市域范围能更好实现各方力量的配合及资源的共享，有利于利用城市优势、发挥城市功能，建立城市的社会心理服务体系，系统解决城市发展中的社会心理问题，消除市域内差异，实现市域内的平衡、安定。

接下来，本书对社会心理服务的研究就是指市域社会心理服务的研究，为表述的简化，本书大部分时候使用“社会心理服务”一词，实际上就是指市域社会心理服务，本书将研究市域范畴内社会心理服务的概念与实践问题。

笔者认为，从层级上看，市域社会心理服务可以包括四个层级的服务：市级、县（区）级、街道（乡镇）、居委会（村）。而居委会及其下属的各居民小区实际是本书接下来要提到的社区心理服务。由此社区心理服务又是市域社会心理服务的基础和关键。

2. 社区与社区心理服务

（1）社区的概念

在国外，德国社会学家培南迪·腾尼斯最早论述“社区”一词的概念，这在学术界已达成共识。他在 1887 年出版了著作 *Gemeinschaft and Gesellschaft*，并在书中指出：社区是指一种由原始的或天然状态的人的意志所构成的一个统一体[1]。国内直到20世纪30年代初由费孝通及其弟子首创了中文“社区”一词[2]。

我国关于社区的概念有以下几种类型。第一种是乡村社区。乡村社区就

[1] 滕尼斯 . 共同体与社会 [M]. 北京：商务印书馆，1999.

[2] 黎熙元 . 现代社区概论 [M].2 版 . 广东：中山大学出版社，1998.

是我国传统农村的村社组织，它的范围就是农村的某个村庄。第二种是城市社区，是以居民委员会为管理单位的区域。这是一种社会学意义上的社区。第三种是随房地产开发商品化而形成的新的住宅小区，是开发商征地建设的经济学意义上的开放式独立产权小区。在我国，社会心理服务试点城市的实际运行中，大多是政府引导、部门牵头，这样使政策、资源、行动更能集中，有利于资源共享与资源调配，增强效果。因此作者在本书中所讲的社区心理服务的社区概念主要是指第二种类型,“社”即人群,“区”指地域，社区即生活在共同地域的人群所组成的社会生活共同体。社区通常由街道管辖，它的行政管理机构是居委会，一个大社区可能有多个居委会，一个居委会也可能包括多个社区。社区的这种认定有利于社区心理服务的开展，是社会结构中承上启下的中枢。

2000 年底，中央办公厅和国务院对“社区”的范围进行了进一步明确：我国城市社区是指社区体制改革后的居民委员会辖区[1]。社区是向下传达国家精神、贯彻国家政策，向上传送群情民心的最基层单元。它不是政府机构而是群众自治组织，是地域与人群相对固定的具有互动关系的共同体及其共同区域，它上承街道（中国最小的行政机构）下接群众，是政府与群众的中介，与政府及群众的联系都最为密切，这种社区划分的好处是方便更有效地为民众服务。

社区是社会有机体的最基层组织，是宏观社会的缩影，是人们了解社会的一个微缩窗口。由于国家建设的发展，社区在社会治理中的重要性得到广泛认可和持续提高，发挥的作用也一再加强，“上面千根线、下面一根针”，它是维护社会和谐稳定的第一道防线，是居民表达诉求与获得满足的首个空间。几十年来，国家层面颁布了不少意在增强和完善社区功能的政策，引导着社区在现代化的方向上改革发展。在社会发展变革的过程中，城市社区里出现了不少人民内部矛盾问题及各种社会治安事件，为社区功能的发挥提出了更急迫的要求，也拓展了更宽广的空间。也就是在这个阶段,“单位人”成

[1] 黎熙元 . 现代社区概论 [M].2 版 . 广东：中山大学出版社，1998.

了“社会人”，民众开始有了社区的认识，社区渐渐成了民众有归属感的地方。近些年来，我国社区取得了快速发展：社区的基础建设不断得到加强，人居物理环境日新月异；人居软环境也今非昔比，居民在社区内就能获得便利的行政、卫生、就业、文化、家政等多种服务。

（2）社区心理服务

我国的社会心理服务产生之初就是从市域开始的，中央认定的12个全国社会心理服务地区大多是城市。各试点地区都在认真执行中央精神，开展社会心理服务建设任务，有的地区还因地制宜创造性地开展工作，确实为社会心理服务在更多城市和更大范围的铺展探索出了很多经验。但不管是地级市还是地级市以下的区或县，在社会心理服务工作的开展中都要依托社区这个最基层的单位来进行，最后都要落脚到社区这个区域和人群。在前面本书已分析了社区的概念，此书中所讲的社区均指城市社区，实际上它的管理部门就是社区居委会，受街道管辖，这是一种具有中国特色的社区管理方式。

为什么以这种社区划分作为社区心理服务的“社区”概念呢？一是因为它是最基层的政府机关——街道直接管辖的下属机构，因为“街道”是一个城市的最后行政单元，在行政上到了“街道”这一级就不再细分了，而街道为了管理的方便下设多个社区，每个社区管理服务好自己的一片地、一方人汇聚起来就是街道的工作，因此社区与政府基层机构的街道联系最为密切，在社区心理服务上最有可能争取到政府的各项支持与促进。二是因为社区是城市最基层的自治组织，它就是群众组成的，为群众服务的，是直接与群众接触的，因此社区最了解群情民意，它正日益成为人们与城市社会相联系的纽带，在代表和反映群情民意方面，最有发言权。三是因为社区是很多“最后一公里”的交汇处，是社会治理伸向社会末梢的最后一个机构。四是因为随着经济、生活方式的变化，社区作为城市管理的重要单元，社会治理和公共服务职能逐渐呈现出以社区为重心的特色。五是因为在以居委会为社区这个范围里有驻地的政府部门、企事业单位、社会机构、居民小区等单元，社区内的各个单元相对独立，有自身的特点，需要在社区心理服务过程中因单元而异，采取不同的办法来推进工作，有些单元如各级各类学校、医院等其自身的心理健康服务工作开展得较早，甚至已成体系，能成为社区层级心理服务的重要依托；同时所有相对独立的单元又共同联系在一个社区中，可以在社区心理服务中做到相互补充、相互支持。社区，就像一个个小城市，虽然地域不大，但也“五脏俱全”，每一个城市由一个个社区组成，因此心理服务也必然成为市域社会心理服务的基本环节，亦是重要环节；由此，城市的社会心理服务建立在群众自治的“社区”基础上是符合社会心理服务的政府引领社会参与特性的，也有助于社会心理服务的发展。随着社会治理的深入，以社区为单位进行的各项服务及便民措施在逐次展开并具体落实，如社区卫生服务、社区心理服务、社区法律援助等，社区承接了市域社会心理服务的大部分具体功能，这将在第四章的“市域社会心理服务的内容”中述及。

如果将社会心理服务看作“社会的社会心理服务”，那么市域社会心理服务就是在一市范围内开展的社会心理服务，社区心理服务就是“社区的社会心理服务”，也就是说，社区心理服务在社会心理服务的地理区域上做了进一步限定，专指在社区范围里开展的社会心理服务。不管是社会的或市域的社会心理服务还是社区的社会心理服务，其核心内容及目标是不变的，即都是进行社会心理的服务工作；社区心理服务因地域的窄化使得社会心理服务的目标更具体、对象更明确、人数更小众、内容更细致、方式更灵活。

截至2021年2月，北京市共成立了121家社区社会心理服务站，预计到2025年北京市要完成建设500个以上的街乡社会心理服务站点。在这里，北京的“社区社会心理服务站”与本书论述的社区心理服务是一致的，为称呼的简便，本书还是主张把社区的社会心理服务称为社区心理服务，它一样可以很好地涵盖社区社会心理服务的所有内容。

五、社区心理服务与社区心理健康服务

随着“社会心理服务”的提出及实践展开，社区心理服务也必然出现。在明确提出“社会心理服务”之前，由于心理健康的普及，在学术研究及报刊报告中“社区心理健康服务”这一提法更普遍。因此有人把社区心理服务理解为民众比较熟知的“社区心理健康服务”，认为这两者本质一样只是换了个称呼而已。其实不尽然，虽然这两种称呼只是一词之差，但从社区心理服务与社区心理健康服务两个概念的产生、实质及内容来看，还是存在很大差异的。

社区心理服务是社会心理服务在社区的实践，是地域范围缩小了的社会心理服务，是社会心理服务的社区版本；同理，社区心理健康服务是心理健康服务在社区的实践，是地域范围缩小了的心理健康服务，是心理健康服务的社区版本。笔者在前面已对社会心理服务与心理健康服务这两个概念进行了辨析，这种辨析也同样适用社区心理服务与社区心理健康服务这两个概念。关于社区心理服务与社区心理健康服务的更多区别在本书第六章还将详细论述。

第二章
社会心理服务与社会治理

党的十八届三中全会《中共中央关于全面深化改革若干重大问题的决定》，首次使用了“社会治理”这一概念。接着在党的十九大报告中再次提及并要大力加强和创新社会治理。官方首次提出“社会心理服务”是在2015年的“十三五”规划建议中，之后又在2017年的十九大报告中提到，这两个文件的“社会心理服务”一词均出现在“社会治理”栏目下，可以说社会心理服务是与社会治理相伴而生的，两者有着应然与实然的密切关系。鉴于“社会心理服务”与“社会治理”两者的渊源，本书独辟本章专门论述，同时思考社会心理服务参与社会治理的路径。

城市社会治理是社会治理结构的基本构成，民众的获得感和幸福感是基层治理的价值追求。社会心理服务包含了对个体、家庭、团体或组织提供相应服务，促进个体心理发展，促进家庭幸福，提升社会和谐的目标。这两者指向一致，因此社会治理若能推崇并遵循人的普遍心理规律和行为法则，那么治理效果会事半功倍，且“入脑入心”[1]。因此如何将社会心理服务服务于城市治理实践，从“心”出发解决民众问题、内化社会规范，从心理根源上减少及预防社会突发性事件、群体性事件等，这是我国社会治理要认真考虑的课题。

党的十八大以来，我国社会治理取得重大进展，主要表现在：提出与时俱进的社会治理新思想，大力促进社会治理新实践，多方开拓社会治理新境

---

[1] 魏礼群.党的十八大以来社会治理的新进展[N].光明日报，2017-8-7（11）.

界。在十九大报告中，习近平同志提出：中国特色社会主义已经迈进新时代，我国社会矛盾发生了转变，为了满足人们对美好生活的期待，强调社会治理中要加强社会心理服务建设。[1]社会治理需要经过“道德”与“法律”这“一软一硬”两条路径来实现[2]，其中“以德治理”这一柔性治理方式比“依法治理”的适用领域更加宽广，对社会治理起的作用也更为广泛而基础，而社会心理服务就是“以德治理”架构下的社会治理的创新之举，是社会治理精细化的表现。[3]

一、社会心理服务与社会治理的内在根源

“加强社会心理服务体系建设，培育自尊自信、理性平和、积极向上的社会心态”[4]是习近平同志在十九大报告中“加强和创新社会治理”的框架下提出的。社会心理服务对社会个体与群体存在的心理问题可做到细微关切与细致解决，它的工作过程与工作结果都切合社会治理的要求，社会心理服务与社会治理两者之间有着共生共融的内在逻辑。可以说，社会心理服务提供了一种“由心而治”的社会治理新途径，即依据社会心理与行为发生发展的内在规律以及心理学的方法技术实现与完善社会治理的一条重要路径。

---

❶ 习近平 . 决胜全面建成小康社会夺取新时代中国特色社会主义伟大胜利——在中国共产党第十九次全国代表大会上的报告 [M]. 北京：人民出版社，2017.

❷ 陆志孟，于立平 . 提升社会治理精细化水平的目标导向与路径分析 [J]. 领导科学，2014（9）.

❸ 刘敏岚，邓荟 . 社会心理服务：一种社会精细化治理的路径 [J]. 天津行政学院学报，2018（1）：61-66.

❹ 习近平 . 决胜全面建成小康社会夺取新时代中国特色社会主义伟大胜利——在中国共产党第十九次全国代表大会上的报告 [M]. 北京：人民出版社，2017.

1. 社会心理服务历史地归化于国家社会治理的需要

虽然在社会治理视域下提出“社会心理服务”只是近几年的事情，但将人的心理纳入社会管理的思想萌芽在我国古已有之。历代思想家往往由于他们的政治背景倾向，在对心理问题的论述、提出的心理学思想中大多倾向于社会政治的视角，因此古代的心理学思想从一开始就是为国家政治服务的。这类心理学思想有很多，如人贵论、天人论、性习论、知行论等等，这些心理学观点在产生之初就被利用在国家统治当中，成为为国家和社会统治服务的有力思想工具。特别值得一提的是，以孔子为代表的儒家主张以人为中心的仁爱思想、忠恕之道及注重君子人格、自省律已实践等更是把我国古代引向了世俗社会而非神学的宗教社会，使得国家和社会的世俗管理和治理成为可能。正如中国心理学史创建者之一的杨鑫辉教授所说，“古代有一些思想家非常看重管理的心理依据，将各种管理活动及其思想原则，建立在相应的人的欲求理论之上”[1]。如主张以教化限制民众无原则的逐利行为、主张以军功奖励军士等，教化和军功都是人社会化过程中所需要的。

近现代以来，即便在社会动荡、社会聚变的民国时期，心理的思想及心理建设与服务的理念仍然受到有识之士及国家权威的重视，1919 年孙中山就在他的《建国方略》中提到了心理建设，并把心理建设置于构建现代国家所有方略之首，从心理建设、物质建设、社会建设三个方面论述他建国的基本思想。[2]自“十五”规划开始，我国历次五年规划都要提到“心理”及与心理相关的工作规划，可以说进入 21 世纪以来，“心理”在政策层面所受关注的程度不断递增，从心理疏导到心理健康教育，从社会心理服务到大健康理

---

❶ 杨鑫辉、朱永新、邹大炎 . 心理学通史：第 1 卷：中国古代心理学思想史 [M]. 济南：山东教育出版社，2000.

❷ 孙中山 . 建国方略 [M]. 北京：生活•读书•新知三联书店，2014.

念，从民间自发求助到国家和社会治理主动服务，无不体现社会心理服务的理念早已有之，只是之前的提法和做法不系统、不全面，也没有出现“社会心理服务”这个专用名称而已。同时也体现了我国将“心理”提上议事日程的时间虽然不是很长，但“心理”的思维与方式却早已渗透在我国的各项管理工作中，近二十年来对它的关注及实践就表现得非常密集。

自近现代以来，特别是20世纪80年代以来，我国的心理学事业取得了很大进展，已建成比较完善的心理学学科，有了一批专业从事心理学研究的科研人员与队伍，心理学研究呈现出与社会联结越来越紧密的态势，在2020年最受欢迎的十大心理学研究中有7项前沿研究更加聚焦社会问题。[1]社会心理服务工作的主体是人，社会心理服务的受众也是人，社会心理服务应始终立足于社会发展需要、致力于让人民过上更加幸福和谐的美好生活。社会心理服务本身是社会进步的产物，它以人为中心、以帮助人们生活得更美好为目的、以一系列科学的心理学方法为依据开展相关活动；心理服务的历史就是全部的、以心理学这门科学研究并帮助人们如何更好生活的历史。

在十八届三中全会上，“社会治理”取代了“社会管理”的提法，社会治理这个更科学合理的概念作为国家战略被提出，标示着中国的社会治理站在了新的起点，开始了新的征程。习近平同志指出“社会治理，核心是人。”[2]这为本身就是以人为中心而开展活动的社会心理服务在新时期下如何摆正自身定位提供了一个极具科学性极富价值意义的战略视角，社会心理服务必将服从于国家社会治理的大局并在其中扮演独特角色、发挥建设性作用。换言之，社会心理服务历史地归化于国家和社会治理的需要。

---

❶ SamanthaGuo：2020年十大心理学研究[EB/OL].[2021-2-25].https：//www.xinli001.com/info/100470858.

❷ 中共中央文献研究室.习近平关于全面深化改革论述摘编[M].北京：中央文献出版社，2014.

2. 社会心理服务现实地发展于基层社会治理的创新

社会心理服务切合社会治理的思路与需求。社会心理服务致力于让人民过上更美好生活的价值追求和目标定位决定了它必然以解决现实的心理问题为主要导向，只有有效解决民众生活中出现的心理问题，才能说社会心理服务取得了实效。当下社会建设如火如荼，社会问题日益复杂、社会需求日趋多样、社会价值日渐多元，为基层社会的治理工作提出了许多新的问题，同时只要有人的地方就必然涉及人的社会心理，它会显性或者隐性地影响着社会治理的主体能力和社会民众的获得感程度，由此创新社会治理应运而生。创新社会治理就是要用更节约的资本、更细心的领会和以人为本的治理方式，实现更关注细节、更优质和更有效的治理结果，它特别强调懂得民情、倾听民意、疏导民心，实现社会治理过程的人性化与效果的持久化。这就需要治理主体遵循心理学的原理和方法去认识社会治理中的社会心理及行为的发展规律与内在联系，透彻分析与理解社会问题发生发展过程。这样的社会治理思路与社会心理服务毫无二致，或者可以说社会心理服务很好地体现了社会治理创新的需求。

社会心理服务能有效提升社会治理的水平。社会心理服务的柔性、细致、深入基层的特点弥补了原社会管理中的硬性、粗放特点，两者相得益彰、互为补充。“创新社会治理，需要保障广大人民的根本利益，最大限度增进和谐元素。”[1] 社会管理的刚性措施可以起到一定的威力，但真正的“入脑入心”需倚仗社会治理的柔性方式才能达到韧性的效果，变硬性要求为软性启发，变堵压民情为疏导民心，变被迫服从为细致劝化，变事后应急为事前防御，变干预管理为预防治理[2]。这些和谐元素的增进与实现，需要社会心

[1] 中共中央文献研究室．十八大以来重要文献选编（上）[M]. 北京：中央文献出版社，2014.

[2] 刘敏岚，邓荟．社区心理服务：一种社会精细化治理的路径 [J]. 天津行政学院学报，2018.

理服务。只有将社会心理服务融入社会治理，遵循人际及群体的心理变化规律，将社会心理服务的成果融汇于基层社会治理的创新之中。同时亦能为制定及实施公共政策提供心理学智慧，这样的“心”治理路径将有力推动我国基层社会治理的水平，助推社会治理目标实现。“发展的实践呼唤着发展的理论，发展的理论指导着发展的实践。”[1]社会心理服务在社会治理创新的发展中唤之而出，社会心理服务在不断的实践中促进基层社会治理的能力与效果提升。

如此，社会心理服务既能很好地切合社会治理创新的思路与需求，能有效提升基层治理的水平。也可以说，社会心理服务现实地发展于基层社会治理的创新。

3. 社会心理服务辩证地统一于基层社会治理的实践

一方面，我们要重视社会心理服务在整个社会治理中，特别是基层社会治理实践中的突出作为，充分认识到，在对人的心理和行为深刻理解的基础上进行的社会心理服务是现代社会治理的新思路。

遵循社会心理与行为的理论和方法的社会心理服务最贴近基层民众，它以温柔细致的方式从源头上防患和消融社会心理问题、对易发多发问题进行及时有效干预，有助于维持基层秩序和社会稳定，促进形成积极的社会心态和社会氛围，营造友好互信的人际关系、从而保持社会环境的和谐。同时，社会心理服务本身又成为社会民众利益与矛盾表达的一种渠道方式，能对社会民众的民生利益诉求、矛盾冲突等进行一定的表达与整合，可有效起到发泄与疏导的作用，从而进一步促进民众在公共领域及社会心态方面的成长与成熟，实现政府与市民生活的链接。

马克思说，“理论在一个国家实现的程度，常常取决于理论服务这个国

---

[1] 习近平．干在实处走在前列：推进浙江新发展的思考与实践[M].北京：中共中央党校出版社，2006.

家需要的程度。”[1]基于当下如火如荼的社会建设现实，心理科学在现阶段还特别需要进行“实践转向”，主动研究与对接社会治理中出现的心理学问题，同时也鼓励着心理学向更广阔更深层的社会应用发展，须知“面向社会，沉入生活，持续强化心理学的应用探索，是将来心理学繁荣的核心所在。”[2]心理科学及心理学者只有服务于社会、人民，通过服务于城市治理，关照与解决民众的社会心理问题，真正了解人们的生活方式、社会压力等现实百态，在直观体验社会发展的脉动中准确把握社会心理的动态，才能提出富有实效的指导策略，使得社会心理服务的发展呈现出专业性、科学性和有效性的特点，才能使社会心理服务呈现良性发展的态势，确实为社会治理做出贡献。

另一方面，也要重视基层社会治理实践对社会心理服务的引领性作用。社会治理是一张宏伟蓝图，而社会心理服务直接面向基层人民的生活。社会心理服务要与政府政策、社会发展步伐一致，才能更好地起到缓解矛盾、解决问题、培育积极社会心态并起到智库建设的作用。

“心理学者通过对很多社会现象进行研究，发掘出人们心理感受随时间、地域、事件变化的特点和规律性联系，如对心理健康、主观幸福感、社会态度、应激心理等进行了深入探索。这可以指导我们切实从人们社会心理的特点与需要启航，去引导和修正人们的社会行为，使人们对社会生活的获得感得到极大提高；也可以在对民众社会心理和社会行为规律的正确理解的基础上，实现贡献于公共事务管理，建设和谐安定社会”[3]，从而最终实现人们对美好生活的向往。人类社会的发展是一个不断满足社会成员越来越高心理需求的过程，建设健全社会心理服务体系就是实现人民美好生活的主要路径。可以预见的是，未来相当长的时间里，人们对社会心理服务的需求将越发急

---

❶ 塞缪尔·P. 亨廷顿 . 变化社会中的政治秩序 [M]. 北京：生活·读书·新知三联书店，1996.

❷ 阿历克斯·英格尔斯 . 人的现代化 [M]. 成都：四川人民出版社，1985.

❸ 中共中央马克思恩格斯列宁斯大林著作编译局 . 马克思恩格斯选集：第 1 卷 [M]. 北京：人民出版社，2012.

迫，越发多样化。

社会治理的主管部门及决策者在重视和谐心态建设、营造诚实守信的人际关系及积极舒适的社会氛围的同时，还要对社会治理大蓝图中的社会心理服务工作专门出台一系列切实可行的指导性意见，具体包括要探讨社会心理服务的队伍、内容、边界、效果等，要避免社会心理服务的发展过于琐碎、流弊于空谈。社会心理服务作为系统性社会治理的有机组成部分蓬勃开展，离不开政府相关部门的指导、认同与支持的同时，更不能背离基层社会治理实践的要求。保证心理学领域对社会心理服务的总体研究与服务方向在国家有关社会治理的政策指导下逐步推进，保证社会心理服务是满足基层社会治理实践要求的服务，才能更好地引领社会心理服务工作规范化、有效化发展，从而更好地适应新形势的需要。

二、社会心理服务与社会治理的共生共融

社会心理服务与社会治理有着理论逻辑上的内在联系，在我国社会建设的实践中两者也存在着互融共生的现实模样。

1. 共生：社会治理与社会心理的相互关注

“社会治理”作为国家战略自十八届三中全会上首次提及以来，就一直作为一个高频词汇活跃在社会和学界，2015 年“十三五”规划首次出现的“社会心理服务体系”一词在“加强和创新社会治理”的框架下提出；2017 年十九大报告中出现的“加强社会心理服务体系建设”也是在“加强和创新社会治理”的框架下提出。由此可见，社会治理与社会心理服务有共生的社会土壤，虽然在社会治理中提及社会心理服务的时间不长，但社会心理服务的发展迅速。

（1）社会治理对社会心理的关注

梳理近几年政府政策对社会心理及社会心理服务体系的关注，总体来看呈现以下特点：一是起点高，顶层设计，逐层推进；二是动力多，综治牵头，部门联动；三是纵深广，社会主动对接学界，实践理论相互观照。

首先在起点方面，这与党和国家领导人的高度重视与政府决策是分不开的。早在 2006 年 10 月，中共中央在《关于构建社会主义和谐社会若干重大问题的决定》里就已在国家层面关注到了内心和谐与心理疏导的问题，此后在党的十七大、十八大报告中又进一步完善了有关人民心理健康的相关论述；习近平同志也多次谈到社会治理与心理健康的关系，他在 2016 年全国卫生与健康大会上发表了重要讲话，提出"要加大心理健康问题的基础性研究，做好心理健康知识和心理疾病防控科普工作，科学规范心理治疗、心理咨询等心理健康服务的发展"。[1]党的十九大报告明确指出要打造"共建共治共享的社会治理格局"，呼吁"建立社会心理服务体系，培育自尊自信、理性平和、积极向上的社会心态"。[2]这种来自国家高层的对社会心理及社会心理服务体系的关注，决定了我国社会心理服务的大规模有效开展是顶层设计、逐层推进的。事实也确实如此，全国政法委、综治办等部门联合选定了全国 12 个社会心理服务体系试点地区，每一个试点地区又是在当地政府牵头下组织社会力量开展工作。

其次在动力方面，社会心理服务对人们实现美好生活具有助推作用，这也是社会心理服务自身发展的内部动力；另外，随着国家和社会发展，人民日益增长的美好生活需要日益凸显，因而国家、政府、民众对社会心理服务的需求也愈益突显，这是社会治理与社会心理能有机结合并取得快速发展的外部条件。具体在实施层面，2016 年中央综治办在全国范围内选择了 12 个县市区作为社会心理服务体系建设单位的联系点；同年，国家卫计委联同其

---

❶ 习近平 . 习近平谈治国理政：第 2 卷 [M]. 北京：外文出版社，2017.

❷ 习近平 . 决胜全面建成小康社会夺取新时代中国特色社会主义伟大胜利——在中国共产党第十九次全国代表大会上的报告 [M]. 北京：人民出版社，2017.

他 21 个部委共同下发了《关于加强心理健康服务的指导意见》，对加强心理健康服务做出了进一步要求与规范；2017 年 12 月底国家卫计委疾控局又牵头举办了“全国社会心理服务体系建设试点工作专家研讨会”，会议通过了试点工作方案，进一步为全国社会心理服务体系的建设工作开展提供了基本遵循。2018 年 12 月 4 日，国家卫健委携手其他九部委印发了《全国社会心理服务体系建设试点工作方案的通知》，社会心理服务体系建设开始在更大范围内拉开序幕，并成为广大心理学工作者的研究与实践焦点。2020 年 4 月 26 日国家卫健委与中央政法委、教育部、公安部、民政部、司法部、财政部、国家信访局、中国残联等九部委共同印发《全国社会心理服务体系建设试点 2020 年重点工作及增设试点》。2020 年 9 月，国家卫健委将抑郁症筛查纳入高中及高校学生体检，探索抑郁症防治的特色服务工作。统而观之，由综治牵头、部门联动的方式对社会心理服务体系的构建所起到的动力作用是巨大的，能有效推动社会心理服务工作的发展。

最后在纵深方面，表现在社会主动对接学界，学术研讨及实践探索工作如火如荼地开展起来，实践与理论相互观照。2017 年在湖南第 12 届政协会议中，“构建湖南省社会心理服务体系建设”成为政协正式提案并作为此次会议的重要讨论内容；2017 年举办的第 8 届中原心理咨询专家会议，驻马店市（全国社会心理服务首批 12 个联系点之一）主动介入心理学界的会议，由社会心理服务的牵头单位综治办报告了“驻马店市社会心理服务体系建设的初探”，其中强调了该市的社会心理服务体系建设是在社会治理的框架下开展的，为社会治理服务。2018 年中国科学院心理所组织了“社会心理服务体系建设研讨会”，在会上社会心理服务体系建设试点工作的负责人与专家学者们济济一堂、全面商讨试点工作对心理学的需求及如何发挥心理学者的作用，使心理学的理论研究与技术切实回应社会需求。2019 年 4 月来自全国的著名心理学家、心理服务机构法人代表、政府相关部门等 400 余人在济南进行了“第五届全国心理服务机构发展模式高峰论坛”，共同商议探讨社会心理服务机构的工作模式，共享发展经验。2019 年 11 月 16 日，云南省社会心理学会及临沧市全国社会心理服务体系建设联系点共同承办了“民族心理与民族地区社会心理服务”论坛。2020 年 11 月 18 日中国心理服务高峰论坛于赣州召开，由赣州市卫健委与赣州市委政法牵头举办，驻马店市、龙岩市、绵阳市、芜湖市、银川市等全国联系点代表在论坛做了报告，有社会各界共 240 余人共同探讨和交流了社会心理服务体系及其建设的试点经验。这表现出社会对学界的极大需求，主动对接学界，专业人士也积极参与政府公共事务，这种社会与学界的互动即是实践与理论相互观照、共同发展的表现。

（2）社会心理对社会治理的关注

社会心理关注社会治理，为社会治理服务的转折点出现在 2016 年，这一年开始社会心理的研究力求靠近社会发展的脉搏，为社会和谐献计献策。笔者依据学术论文、学术课题、学术会议这三方面的相关数据勾勒出从这一年开始所发生的研究转向（但由于论文的发表周期，课题的评审周期原因，2016 年的转折在 2017 才开始表现出来）。

在学术论文方面：对知网收录的学术期刊进行论文检索，以“社会心理服务”为主题检索出有效论文 6 篇来于 1997 ～ 2016 年的十年间；2017 年检索出 7 篇；2018 年已达到了 26 篇，不少是对社会心理服务进行概念、结构等理论层面研究的论文；2019 年增至 38 篇，有一部分是关于社会心理服务试点城市经验总结类的文章及社会心理服务在医疗、学校、社区应用类的文章及社会心理服务体系建设问题的论文；2020 年又增至 48 篇。以“社会心理建设”为主题的论文有 12 篇来自 1995 ～ 2016 年的十二年间，2017 年有 5 篇，2019 年 5 篇，2020 年 7 篇。特别一提的是近几年在心理学顶级刊物上出现了知名专家学者专门论述社会治理与社会心理的研究论文，杨玉芳、郭永玉发表的《心理学在社会治理中的作用》（2017），俞国良发表的《社会转型：社会心理服务与社会心理建设》（2017），辛自强的《社会治理中的心理学问题》（2018）、《社会心理服务体系建设的定位与思路》（2018）、《理性的达成：社会治理心理学的思考》（2020），陈雪峰的《社会心理服务体系建设的研究与实践》（2018）、《基础社会动机与社会心理服务体系建设》（2019）、《美国应急管理社会心理服务体系及启示》（2020），王俊秀的《社会心理学如何响应社会心理服务体系建设》（2018）、《社会心理服务体系建设与应急管理创新》(2019)、《多重整合的社会心理服务体系：政策逻辑、建构策略与基本内核》(2019)，吕小康、汪新建的《中国社会心理服务体系的建构思考》(2018)、《从“社会心理服务体系”到“公共心理服务体系”的思考》(2019)等。还有一些心理学顶级刊物开辟专栏进行社会心理服务领域的研究，提供学者畅所欲言互相交流的空间，如《心理技术与应用》在2018年10月首开“社会心理服务的实践与研究”专题，刊登了知名心理专家的10篇“社会心理服务”研究论文，推动了社会心理服务的系统学术研究，掀起了第一个研究高潮；2019年《心理学通讯》第一期也开办了“社会心理服务”专栏，刊发了5篇社会心理服务的研究论文；2020年《心理科学》设立了“新时期社会心理服务研究专题”，旨在对理论问题的研讨及达成共识，大力推进我国国家治理体系和社会治理能力的不断完善。

在学术课题方面：2016年国家社科基金批准了4个有关社会心理服务的课题，它们是中央财经大学辛自强的重点项目“社会治理背景下的心理建设研究”，中国科学院研究员王俊秀的“心理建设与社会治理”，华南师范大学申荷永的“群体危机的心理分析与心理重建研究”，海南大学冯颖的“心理健康服务在刑满释放人员社会适应中的介入模式研究”。2015年及2017年及2018年均未有社会心理服务相关的获批项目。2019年获批了一项有关社会心理服务的课题，即西安交通大学钱玉燕的“社区心理服务的公平性与可及性研究”。2020年相关主题的获批课题达到了4项，为历年最多，它们是陕西省委党校翟晓舟的“科技风险视域下的社会心理服务体系研究”，中国政法大学王丽莉的“社会心理服务体系嵌入基层精细化治理研究”，江苏师范大学王志丹的“重大突发事件中公众负面心理疏导与安全感营造的大数据研究”，华东交通大学舒曼的“重大突发事件中心理疏导及媒介引导机制研究”，国防科技大学周宓的“重大疫情社会心理应急管理策略及预案研究”。

在学术会议方面：2016年10月“社会心理与社会治理”论坛在首都召开，它是北京市社工委、中央财经大学、北京市社会心理联合会携手主办的会议，国内第一次把社会心理与社会治理结合起来的学术会议；2016年11月由我国心理学界的最高学术组织——中国心理学会举办的香山科学会议第

578 次学术讨论会“心理学与社会治理”在北京举办。中国心理学会社会心理学分会 2017 年以“社会转型期社会心理学的立场和实践”为主题召开年会,2018 年会的主题为“改革开放和中国社会心理学的重建与发展”,2019 年的年会主题是“新时代中国社会心理学家的责任与担当”，2020 年的主题是“风险常态化下社会治理体系的完善与提升”。除此之外，各省心理学分会也明确意识到心理学在建设有中国特色社会主义征程中的社会实践价值与学术指导使命，不约而同地以如上议题开办学术年会开展学术交流，主动与社会治理对接，共话心理与社会发展。2016 年安徽省社会心理学学会举办了“社会治理与社会心理”的学术年会，江西省则举办了“和谐心理，和谐江西，和谐社会”的学术年会，广东举办了“社会发展与心理学的应用”的学术年会……这些会议大都聚焦时代发展带来的现实问题，从微观到宏观、从方法到路径论道心理学与社会发展。由此 2016 年可以认为是社会心理服务大规模理论研究的元年，从这一年开始，社会心理服务的学术研究如雨后春笋般呈现欣欣向荣的态势。进入 2017 年，一些省级社会心理学会仍沿袭 2016 年的关注点继续深化心理学年会的社会服务议题，如广东省召开了“全民心理健康与社会和谐”为主题的心理学学术年会，从心理学角度探讨新时代中国不良社会现象的破解之道。安徽省社会心理学学会以“健康社会健康心理”为主题，深入贯彻学习党的十九大精神，推动中国社会心理研究等。此外，在2018年1月，中国科学院心理研究所和中国科学报社联合举办了“第一届中国社会心理服务高峰论坛”，第二届高峰论坛于2019年1月在青岛市举办，第三届高峰论坛于2020年3月仍在青岛举办，论坛与会人员除了各研究院所学者外还有社会心理服务试点地区工作人员，试图在学术研究与社会实践之间搭建平台；一些省份的联系点举办了社会心理服务论坛，如 2018 年 10 月吉林举办的社会心理服务论坛，11 月西平县举办的“全国社会心理服务高峰论坛”，2020 年 10 月北京社工委举办的社会心理服务高峰论坛，11 月在赣州举行了“全国社会心理服务高峰论坛”，增强了全国各地社会心理服务试点城市的交流探讨；还有社会心理服务体系建设的专家研讨会，社会心理服务工作推进会等。这些会议、论坛凝聚了各方力量，交流了社会心理服务及其体系建设和发展的工作经验，分享了该领域的最新实践和研究成果。

综合梳理政府及相关政策对社会心理的关注以及社会心理对社会治理的关注，我们不难发现这种自上而下的顶层设计是推动社会心理服务发展的重要动力，而社会心理服务的开展及体系建设必将发挥心理学在社会治理、在实现人们美好生活追求过程中的积极作用。

2. 共融：社会治理的“心理转向”

广大民众拥有积极健康的社会心态，具备良好的心理素养，必然有助于国家社会治理的良性发展，有利于社会稳定和谐、人民安居乐业。因此社会治理呼唤社会心理服务，开展社会心理服务工作及其体系建设应该是社会治理不可或缺的组成。

（1）社会心理服务是实现社会治理价值目标的内在需求

习近平同志在不同场合下阐述了社会治理的不少创新理念与观点。在这些理念与观点中，我们可以发现，社会治理理念的创新与社会心理理论的价值是相互契合的，社会治理价值目标可以通过社会心理服务得以外化实现。本部分撷取社会治理的三个理念进行论述。

社会治理的核心：加强和创新社会治理的核心是人。习近平同志指出：“加强和创新社会治理，关键在体制创新，核心是人，只有人与人和谐相处，社会才会安定有序。”[1] 社会治理的主体包括政府和社会组织以及公务员和公民个人，社会治理的对象是社会事物，社会是由人组成的，社会事务是由人执行的，由此不管是社会治理的主体还是社会治理的客体都与人有关，而只要有人的地方就必然涉及个体心理与社会心理，它会显性或隐性地影响着社会治理的主体能力或社会民众的需求，可以说社会治理需要社会心理，社会心理服务的过程与结果能很好地体现社会治理的目标。因此把社会心理融入

---

[1] 中共中央文献研究室.习近平关于全面深化改革论述摘编[M].北京：中央文献出版社，2014.

社会治理，遵循人际及群体的心理发展规律，更好地服务群众，是创新社会治理的最终目标和价值所在，这种利用心理学的规律和方法施行的“由心而治”的社会心理服务，有助于达到社会治理的最高境界——“善治”。

社会治理的任务：创新社会治理，需要立足于满足最广大人民群众的基本需求和维护其根本利益，竭尽全力增加社会和谐因素。[1]社会治理要实现维护社会和谐安定的任务，必不可少地要解决老百姓的基本民生问题，要妥善解决好社会矛盾，就要想办法从本源上防范和降低社会冲突产生的可能。[2]当前社会治理的主要任务是尽最大努力协调社会关系、化解社会矛盾、解决社会问题、推进社会公正，从而保障和改善民生、激发社会生气与活力、增进社会稳定与和谐。在当今快速发展的社会中人们感受到越来越大的工作与生活压力，各种利益诉求的博弈和竞争也异常激烈，如：社会发展中的农民工及留守儿童、留守妇女、留守老人的“三留守”问题，与生育政策有关的家庭养老、社会老龄化、二孩多孩问题，后单位时期的住房、医疗、就业、托儿问题，由贫富差距造成的“仇富心理”及大案要案发生问题，城镇化建设过程中的政府、开发商、拆迁户之间的利益冲突、失地农民生活与安置问题及它们的继发问题等都是社会治理要直面的问题。而如何解决伴随社会转型、经济不均衡发展带来的种种社会压力问题，促使民众良好心态的产生，在重要事件及关键时段中如何透过现象看本质、了然民情民意、群情群意，如何运用心理路径与方法缓和民众的心理矛盾以至降低社会风险等级，引导形成良好的社会心态亦是社会心理研究的内容。因此社会心理服务能很好地契合社会治理的任务，柔性、细致、追根溯源、预防为主的“从心出发”的社会心理服务是完成社会治理任务至关重要的手段。

社会治理的过程：坚持活力和秩序的统一。习近平同志指出，要“改革社会组织的管理制度，要鼓励和支持社会力量参与到社会治理、公共服务中，

---

❶ 中共中央文献研究室．十八大以来重要文献选编（上）[M]. 北京：中央文献出版社，2014.

❷ 青边斌．习近平总书记创新社会治理的新理念新思想 [J]. 前线，2017.

以激发社会活力。”[1] 在社会治理中，一方面需要把民众正当的利益诉求处理好，保持社会生活的有序及有章可循，另一方面又要处理好社会活力的问题，既不能出现管得太严太宽导致社会缺乏活力的现象，又不能因为管得太松忽略民众合理诉求而导致暗流涌动。[2] 这涉及社会治理的艺术与社会治理主体的领导、管理能力问题，比如，多元主体协商博弈过程，群体决策的内在心理历程与规律，居民社区感的培育调动等，这对社会治理过程和能力提出了更高要求，只有把社会治理做到绣花般的用心细致，才能取得预期的效果，而“依心之理”的社会心理服务正好体现了这种用心细致的社会治理艺术。

（2）社会心理服务是创新社会治理过程的基本体现

在对人的心理与行为深刻理解的基础上进行社会治理是现代社会治理的创新思路，人类社会的发展就是一个不断满足社会成员越来越高社会需求的过程，因此创新社会治理必须观照当前大众的需求与心态，而社会心理服务就是对社会需求与心态进行反应，以柔性细致的手段力争从本源上防范、缓和或解决社会心理问题，因此社会心理服务能体现社会治理的创新过程，社会心理服务能有效铲除社会问题产生的不良土壤，减少内耗，以集中资源满足群众需求，促进社会治理以人为本的理念创新。

社会治理是多元主体协商治理的过程，当然多元主体间也有利益的博弈。“多元”的含义是除了国家和政府力量之外，社会治理还要吸纳与引导民间组织、企业机构、公民个人等多种社会力量参与，他们也成为社会治理的主体，而不是政府一家独打天下。社会治理为什么需要多元主体？是因为各种社会力量的成长背景不同、发展经历各异、文化教育程度有别，利益主张以及目标追求也各不一样，因此“多元”的社会治理主体就有各自不同的特点及擅长的领域，多元主体的参与可以实现社会治理过程中能广泛了解群众

[1] 本书编写组 . 中共中央关于全面深化改革若干重大问题的决定辅导读本 [M]. 北京：人民出版社，2013.

[2] 中共中央文献研究室 . 十八大以来重要文献选编（上）[M]. 北京：中央文献出版社，2014.

需要、反映群众诉求，并利用多元治理主体各自的擅长渠道，极大可能地回应群众的多元需求，扩大社会共同利益空间，实现社会治理的主体创新。

从以前“刚性”的社会管理到目前“柔性”的社会治理，这一理念的转变经历了一个长期过程。习近平同志指出：“治理和管理一字之差，体现的是系统治理、依法治理、源头治理、综合施策。”[1]社会治理要回应现代社会发展的更高要求，需要突破以往社会管理的不足，不能局限在以追求效率为目标的治理流程的整齐划一、治理结构的优化改良等硬性指标，还应涵盖社会管理较难企及的现实关切及人性关怀，因此社会治理在方式上要表现出刚性与柔性的结合、管理与服务的结合。虽然刚性管理能达到一定的效果，但真正的内心认同与欣然服从还有待柔化及人性化的治理思维，即变强硬管理为软性引导，变积压民意为疏通民心，变强制威慑为细心劝化，变事后处置为事前干预，变应急管理为预防治理。[2]因此创新社会治理格外要求体察民众心意、把握民众心态，疏通民众心绪，实现社会治理手段的多样性、方法的可及性与效果的持久性。换言之，创新社会治理具体表现在要运用更节约的资源投入、更精细化的治理过程，实现遍及广大民众的更细微、更精良、更完善的服务。社会心理服务就是社会治理的精细化方式[3]，就是要深入社会最小单元，像毛细血管一样布及社会末梢，及时发现和处理民众的矛盾与需求，从而在摇篮中就有效调和社会冲突和消解社会危害，达成服务的可及化、细微化和人性化。由此社会心理服务能有效满足社会治理方式的创新。

（3）社会治理中“心理学问题”的解决决定社会治理的成败

社会治理中的“心理学问题”主要表现在两个方面，一是社会治理本身具有的内在或内生的心理学问题，如社会治理主体心理、群体决策心理等；

---

[1] 中共中央宣传部．习近平总书记系列重要讲话读本（2016 年版）[M]. 北京：人民出版社，2016.

[2][3] 刘敏岚，邓荟．社区心理服务：一种社会精细化治理的路径 [J]. 天津行政学院学报，2018（1）.

二是社会治理客体的心理学问题，如民族心理问题、信仰弱化问题、弱势群体心理问题、贫富差距问题、心理健康问题、网络心理问题等，它们本身又是构成社会治理客体的一部分。此外还包括宏观的社会心理环境与心态建设，这在社会治理客体的心理学问题中居于更重要的地位。

社会治理主体的心理学问题主要包括主体的社会治理能力及主体心理素质。如前所述，社会治理的主体是多元的，包括政府、公务员和公民个人以及社会组织。政府部门领导及普通公务员应是社会治理的主导人员，但其专业水平即社会治理能力却参差不齐，无法相提并论，如何评判及培养其专业水平，这就涉及一般行政能力、领导能力、工作价值观，也包括更专业的社会治理领导力、社会服务素养及社会治理能力模型[1]；公民个人在社会治理心理学中主要涉及自我意识、公民意识、公民精神、公众感知及公众参与的深层次动机和利益追求等；社会力量作为社会治理主体也具有一些内生的心理学问题，比如社会机构的治理能力、社会机构的贡献与影响力、社会机构的管理绩效等。以上内生社会治理主体的心理学问题也往往因人而异，如何协调好不同社会治理主体之间的博弈关系，这有赖于对不同社会主体心理需求的精准把握。总而言之，社会治理多元主体的人的心理素质、价值观念、信念信仰等内生的心理学问题需要社会心理的研究与回应，以提升主体的社会治理能力。

社会治理客体的心理学问题，其中尤其需要注意的是民众的社会心态。社会心态是精细化社会治理的重要对象，也是社会心理服务的核心存在，它为整个社会治理的决策制定与措施选择提供不可或缺的依据，也以自己的方式影响着社会治理的效果。鉴于社会心态的重大作用力，党和政府已经明确要求要重视不良社会心态的调整和良好社会心态的培育。而无论是不良社会心态的调整还是良好社会心态的培育，都需要在心理学内部对我国民众社会心态的结构、社会心态的测量、社会心态的变化及其影响因素进行研究。如对不同人群的心理特点与变化趋势、二孩政策的社会心理影响、群体思维、

---

[1] 辛自强．社会治理中的心理学问题 [J]. 心理科学进展，2018.

宗教心理，经济心理等问题的研究就有助于对社会心理环境与氛围进行监测与预警，从而为社会治理提供方向及决策依据。

综上所述，社会心理服务能很好地吻合社会治理创新的思路，可从源头上防范和消除民众的矛盾，促进健康的社会心态，营造和谐的社会环境，因此社会治理中运用心理学原理、路径与方法已是人们的共识，并成为社会治理举足轻重的部分。

3．共融：社会心理的“实践转向”

心理学的学科发展与社会现实对心理学的需求之间并不是截然对立的，只是两者在发展速度上存在一定的差距。一般来说，学科发展的理论研究会超越现实需求，但在实践研究上会出现滞后现实需求的现象，主要是因为学科的理论发展更加纯粹，而学科的实践服务则涉及社会现实诸多层面与因素。

（1）心理学研究要服务于社会发展

心理学研究要服务于社会发展早在心理学界就已达成共识。心理学独立的时间较晚，1879年心理学才成为一门独立的科学，在独立80多年之后，即在1967年美国心理学界就心理学的社会作用进行过激烈探讨，一致认为心理学研究必须聚焦人类福祉，并以助力实现人类文明的繁荣发展为自己的责任。我国政府的顶层设计及专业人员的适时跟进，将促使社会心理在社会治理中实现“实践转向”，服务于民众向幸福生活的迈进。

心理学研究要服务于社会发展也是如今社会发展的需求。基于当下如火如荼的社会建设的现实，心理科学不仅要服务于本学科发展，在现阶段还特别需要进行“社会实践转向”，主动投入社会治理，研究治理过程中的内在心理学问题，推动心理学为更加广泛深入的社会治理开展针对性的理论研究与应用实践。在心理学内部，虽然研究的实践转向随社会发展而有所增加，但总体来说心理学的实践作为与社会建设和民众需求之间仍有很大的差距，要改观社会治理长期缺少心理学话语地位的状况，需要心理学者及学术组织的研究自觉，也要政府及社会力量的关心与协作。

心理学特别是社会心理学正因此迎来了自我革新及自身大发展的重要契机。马克思说，“理论在一个国家实现的程度，总是有赖于理论满足这个国家现实需要的程度。”[1] 心理学的发展也正同此理，心理学的未来发展机遇很大可能依赖于心理学的研究成果对社会问题的切合水平或推动社会发展的能力，依赖于心理学的方法与结论被社会建设实践所采纳的数量与质量。

（2）提升心理学工作者对社会治理的服务自觉

当代世界主流心理学研究仍然看重认知神经科学，重视脑科学的高端实验及理论研究，而较少缘起于社会问题的现实研究及包括质性研究在内的社会心理的多元化研究方法的选择；在基层开展社会心态、社会心理建设的实践与科研的心理学工作者并不多。因此长期以来心理学缺乏在社会治理（管理）中的主动作为，心理学在社会治理中的意义与路径探求乏力。

提升心理学人对服务社会实践社会治理的自觉，需要意识的跟进。首先要意识到学术研究服务社会发展是学术的本质也是研究者的使命，学术研究不是空中楼阁，需要接地气，研究既来自实践又回归实践，既来自社会需求又要回应社会需求。其次要意识到服务社会是一名学者专业成长的重要路径，在实践中发现研究课题，在研究中修正实践价值，这是学者自身学术发展及价值表达的一个难得机遇。最后要提高心理学工作者对社会服务的热情。学者成长的生命力在于他的研究及产出的价值。学者利用自己的专业所长为社会服务，并在服务中获得精神成长；自己的研究能接受实践的检验，能促进社会治理的进步，这是一名学者的莫大荣耀；同时对社会问题的预判与解决这种实践与回馈又势必进一步激发学者服务社会的热情。

社会现实也催生着心理学工作者对社会治理的服务自觉。2002 年中国共产党的十六大会议首次把“社会和谐”作为我党的奋斗目标，2007 年中国共产党的十七大报告将社会主义社会建设纳入党章，并形成“四位一体”的国

---

[1] 中共中央马克思恩格斯列宁斯大林著作编译局 . 马克思恩格斯选集：第 1 卷 [M]. 北京：人民出版社，2012.

家建设战略布局。面对如此宏大的社会建设，可喜的是有些心理学人正在主动进行着研究方向的转变，以切合我国社会发展需要。尤其是 2017 年十九大召开以来心理学界正在进行着一场前所未有的改变，愈来愈多心理学界的学术组织及专家学者正在投入到这场轰轰烈烈的社会建设及社会治理的大潮中。可以想见，中国心理学投身于社会发展洪流，在亲历社会建设的实践中研究寻找社会治理的心理途径与心理方法势在必行。借助我国如火如荼的社会建设，心理学路径有着广泛而持续的社会需求，提升对社会治理的实践自觉是每一个现代心理学者都应该深思与行动的。

（3）心理学工作者要直接参与社会心理服务全过程

社会心理服务是社会治理的创举，在我国是个新生事物，它的规范发展和科学有效特别需要心理学的专业支撑及心理学专业人士的全程参与。心理学人士的“实践转向”面临多重藩篱，长期以来的学理道路是阻碍心理学者亲自并全程参与社会实践过程的一个不可忽视的内在因素，前面已论及神经系统和脑科学的研究是近几十年心理学的正统之路，而缘起于社会发展的问题研究可以成为正统心理学的偏殿或旁殿，终究难登大雅之堂，这极大地限制了心理学者的现实研究与服务热情。同时心理学人士对社会心理服务的“实践转向”还受到外界环境的制约，如社会、政府、民众对社会心理服务的重视程度及其社会心理服务的有效性均会影响着心理学的实践转向，心理学及心理学者只有服务于社区、民众，真正了解人们的生活方式、社会压力、现实百态，才能提出富有实效的指导策略，使得社会心理服务的发展呈现出专业性、科学性和有效性的特点。因此我国的社会心理服务迫切需要心理学工作者的全程参与，在实践中发现研究课题，在研究中解决实践问题。

心理学工作者可直接参与社会心理服务全过程，这样可以更直观地体验社会发展的脉动，准确把握社会心理的变化，有效解决社会心理服务中出现的问题，确实增强心理学的影响力，使社会心理服务呈现专业化的良性发展态势，为社会治理做出贡献。同时专业的行业协会亦是心理学人员参与社会心理服务实践的重要平台之一。行业协会在社会心理服务工作中发挥着独特的作用（关于行业协会等平台的作用本书将另辟第四章详细论述），除了组织开展学术科研与交流以及科普活动，进行相关的业务培训与指导工作外，行业协会还应当被授权担当起社会心理服务工作及人员的规范和管理职责。第一批入选中央综治办12个社会心理服务体系建设联系点的市区县，大多成立了专业的服务协会，而且这些专业的服务协会充当着重要的平台功能，只是这些协会名称各异，大多数联系点的专业服务协会称为“心理健康服务协会”，也有的称“心理服务协会”“社会心理服务协会”“社会心理健康服务协会”。

综上，作为社会主义新时代的心理学者既需要具备心理学的理论，也需要多学科的视角，更需要有实践者的自觉意识，将心理学研究与社会心理服务的应用融合，促进心理学为社会发展、心理建设、民众安全、家庭幸福贡献专业力量。

三、社会心理服务参与社会治理的问题

社会心理服务介入社会治理是社会治理现代化的必由之路，从宏观上探析社会心理服务参与社会治理面临的困境与挑战有助于我们把脉社会治理的大实践，彰显二者融合的优势与必要性，并从根本上为社会心理服务参与社会治理的路径指明方向。

1. 服务理念转型缓慢，社会治理参与淡漠

这种服务理念的转型迟缓现象在政府工作人员和心理工作者两个群体中的表现不尽相同，但其背后的原因是一致的，那就是新时期下社会治理理念的兴起对传统思维方式和实践所带来的挑战，具体又表现为相互联系的三个方面。

首先是服务意识在政府工作人员身上的欠缺，有一些政府工作人员习惯于以前的社会管理模式，还没有树立起社会治理意识。社会管理与社会治理表述上只是一字之差，但内含的理念与工作模式却相距甚远，社会管理这种自上而下的为民做主模式有着浓厚的历史文化氛围，社会治理是深入基层的自下而上的为民服务模式，是各方平等与合作的过程，从社会管理的理念模式全然转向社会治理的理念模式还需要假以时日。服务理念的转型缓慢极易导致民众对地方政府（包括政府及工作人员）及公共规范的不满，而在当下的信息化社会，这种不满的传播、发酵会在很广的范围内快速完成，而这是影响集群行为发生、社会情绪蔓延及民众心态不良的重要预测变量。

其次是心理工作者注重理论研究，对社区的服务缺乏意识与行动的自觉。心理学在社会治理与社会建设的进程中有着广阔而长期的应用需求以及不可或缺的理论与实践价值，但心理学人在这方面的意识与行动自觉还有差距。长期以来，我国当代主流心理学与世界心理学研究趋势一致，即强调神经科学与脑机制的理论与实验研究，而较少关注以社会问题缘起的实践研究与定性研究，心理学人表现出对参与社会实践的热情较少、实践卷入不深，对社会问题的研究与实践积累的经验不多，乏善可陈。

最后，以上两个方面共同作用互相交织，还直接导致了普通大众对社会心理服务的“主动忽视”以及在参与社会治理方面主体性意识的缺位；而这种“主动忽视”及主体性意识的缺位又反过来无助于全社会范围内社会治理新模式的确立。

可喜的是，随着社会主义核心价值观的提倡，不少公务人员正在进行服务意识的转变；而且当前我国一部分心理学者也正悄然开始了切合社会需求为转向的研究，特别是2017年以来，心理学界越来越多的研究机构及心理学人把住社会发展的脉搏，用科学理论为社会和谐献计献策，日益丰富彰显心理学对现代社会的作为；再加上民众普遍对更美好生活的向往与追求也正迎合了社会治理的本质与目标，社会治理正迎来多方关注与参与的时机。

2. 社会心理服务实践发展缓慢，社会治理需求延宕

在教育部一系列文件和指导意见的部署下，我国高校及大中小学的心理服务工作（主要是心理健康教育工作）开展得很好，但社会化的心理服务的发展则差强人意。直到近些年，社会心理服务才越来越成为人们的共识。但面对刚刚起步的社会心理服务实践，其发展还是明显滞后于社会治理的需求。

一是责任主体混乱。纵观全国各试点单位，参与当地社会心理服务及体系建设的责任主体不少，包括但不限于政法委、卫健委、综治办、社工委、民政局、教育局等，各地实际掌门的责任主体的不同决定了其工作推进能力及工作效果的截然不同。概而言之，我国的社会心理服务工作及体系建设还缺少稳定的有明晰专属职责的责任部门，这会极大限制工作的进展。同时社会心理服务工作必然涉及不同部门的工作范畴，需要多部门协调与协同，如果责任主体是政法委，会比其他部门在跨部门协调与协同上有更大优势。因此随着社会建设的推进及社会治理的创新，试点单位的当地政府要从长商议及早决定社会心理服务及其体系建设的职责部门，在责任部门明确的前提下制定落实对应的规范，实现工作的有序开展。

二是服务内容窄化。目前各试点的市域社会心理服务基本上沿袭以往发展较成熟的心理卫生或心理健康工作，以此为核心工作内容，即便在社会心理服务工作开展得如火如荼的试点城市赣州，其成立的专业协会亦是“社会心理健康服务协会”。从专业角度看，社会心理服务与心理健康服务两者有很大区别，前者范围更广，后者范围更窄；社会心理服务包括心理健康服务，但除此之外还涉及更广阔的领域，惠及更广大的民众，如社会心态、社会情绪、公众参与等。这两者的区别在本书第一章的概念辨析中已有详述，在此不再重复。

三是社会心理服务存在的其他问题。这些问题包括机制不健全、政策不开放、管理不规范、工作不成体系等。如有些城市的社会心理服务大部分存在于卫生医疗服务单位或社会养老组织中，还有一些城市的心理服务活动以

项目形式存在或以临时性的活动方式进行。

总而言之，设立社会心理服务的专门机构已成亟务，在此之前，因责任主体及相关概念难以界定，影响了市域社会心理服务确立自己专属的服务主体、服务受体和工作内容，故而对工作效果的监督和评估也就望洋兴叹，更遑论此项工作持续发展的基础和关注度了。

3. 地域差别显著存在，资源提供明显不足

我国的市域社会心理服务存在地区的不平衡倾向，从宏观方面讲，这种差异与当地经济境况密切相关，我国的社会心理服务大致可从地域上分为一线大城市、一般地级城市、地级以下城市三种层级，即便在每一种层级内部，社会心理服务的发展也并不是均衡稳定的。

具体来说，就是在国家重点扶持、经济基础好和高校资源集聚效应高的城市以及曾遭受过重大灾害的城市，社会心理服务工作开展得较好。国家重点扶持的城市是指被列入全国社会心理服务体系建设联系点的城市，从最初的12个到如今的70多个，这些联系点有赖于国家顶层设计、政府强势推进、政策制定优势、条件优先保障等，使得它们的社会心理服务体系建设条件优渥、成效也较为显著。经济基础好与高校资源聚集往往是相伴随行的，如北京、上海、深圳等一线城市。北京在2016年曾设想建立百个“一刻钟服务圈”，将心理服务纳入城市社区服务体系，至2021年2月北京市建立了121家基层社会心理服务站，覆盖28%的街道和乡镇；2018年5月底，深圳将心理治疗和心理咨询纳入医疗保险的范围。曾遭受过重大灾害的城市对心理服务有更大需求，国家、社会也会优先调配资源对其进行灾害心理防治，如：汶川、北川、绵竹等地区为了缓解地震灾害对人的心理冲击，武汉为了缓解突如其来的新冠疫情对人的心理冲击，在各地心理机构及心理人员的帮助下建立了不少心理服务站，给予当地人民群众持续的心理关怀和心理支持。

与之相反，对于为数众多的其他城市，由于缺乏国家层面或政府层面的支持，不少城市没有足够的观念意识及足够的客观条件为民众提供社会心理

服务，在这些地区，社会心理服务工作要不没有提上议事日程，要不曾经开展过，但由于内忧外困几乎陷于停滞境地，心理工作从业人员严重不足、社会心理服务活动仍很稀缺。一方面是社会心理服务的需求旺盛，另一方面则是提供的资源明显不足，这是不少城市都面临的困境。为改变这种情况，需要国家加大对这些地区的政策扶持和资源投入，让社会心理服务在这些地区扎根，使社会心理服务工作真正实现常态化、平民化。

随着社会治理理念的提出，我国加紧了对民众健康和社会心理服务领域的发展规划，以更好满足人们对美好生活的追求。2016 年在中央政法委和中央综治委的决策下，有 12 个市县区成为第一批社会心理服务体系建设工作试点地区，又于 2019 年增至 71 个联系点，在这些地方开始着手社会心理服务及其体系建设的实践摸索，并试图寻找有效的经验推而广之。

4. 社会问题多元复杂，服务效果面临挑战

由于社会矛盾的纷乱、社会需求的繁杂和社会价值的多元，致使社会治理领域也相应表现出复杂、多样且变化的问题特征。

社会问题的复杂性。由于涉及的人员、层面及利益众多，使得我国社会治理问题多元复杂。根据社会问题的发生主体不同，有治理主体的心理问题及治理客体的心理问题；根据心理问题所属的领域不同，有个体层面的心理问题、人际层面的心理问题及群体层面的心理问题；根据问题呈现的内容不同，有社会风气、社会心态、社会情绪、社会行为等问题，有民族心理、弱势群体心理、信仰弱化、心理健康、网络心理等问题；根据问题的影响程度不同，有一般的社会问题与系统的社会问题，表面的社会问题与深层的社会问题等等。

社会需求的多样性。马斯洛需要理论揭示了人的需要是不断提高的。在民众的温饱问题解决了之后，自然衍生出其他新的更高需求，如：清新洁净的空气、无污染干净的水质、舒适经济的住房、良好可及的医疗、宜居美丽的自然、安全健康的食品、快捷顺畅的交通、舒适安全的生产环境、准确有

效的灾害防范等。随着社会的发展及人们文化素养的提升，人们的民主意识、权利意识、公平意识等也得到加强，加之社会不同群体的需求呈现差别化。所有这些如果不能很好地满足，矛盾就会不断爆发。多层次高标准的民众需求给社会治理提出新的挑战，同时也使社会治理在不断应对挑战中得到完善。

社会价值的多维共享性。社会价值的多维共享性，包含但不限于以下三个方面的内容。第一，社会治理各个主体对统一的社会价值构建在认同上内在一致，他们共建共享同一的社会价值范畴，即主体虽然多维，但目标价值上“共享”。第二，社会价值的多维共享还表现在社会价值本身。社会价值是一个聚讼纷纭的社会学范畴，它并非平面一致，而是立体凹凸的，社会价值还会随着国家、社会、个人的具体定位而有侧重上的不同表现。党的十八大提出了在全社会树立富强、民主、文明、和谐、自由、平等、公正、法治、爱国、敬业、诚信、友善的 24 字社会主义核心价值观。首先，社会主义核心价值观的凝练及提出，表现出社会治理主体对构建同一社会价值的认可，正是因为国家、社会、个人都共存对美好生活的向往，所以多维度的社会治理主体才能共建共享同一社会价值；其次，社会主义核心价值观本身并非是一种价值追求而是多种价值追求的有机结合，它以社会治理主体的具体定位为支点而有侧重上的不同，虽然社会主义核心价值观在目标达成上实现了多元主体——国家、社会、个人的共享，但这种“共享”还是会根据治理主体的具体定位不同而有不同要求，比如，社会主义核心价值观的共同底色虽然是爱国精神，但在国家范畴却倡导富强、民主、文明、和谐，而在个人范畴则强调爱国、敬业、诚信、友善，因此社会价值本身也是多元追求的有机结合，给人们提供了多维实现的可能。第三，社会治理主体具体定位后的社会价值范畴仍非均衡而是动态的，在现实生活中可能会发生分化，比如，针对社会范畴的自由、平等、公正、法治，这四种价值范畴就不能完全等量齐观，虽然自由、平等、公正也是我们倡导的价值范畴，但根据国家全面依法治国的宏伟蓝图，法治这个价值范畴还是会因为现实迫切而显得更为突出一些。总之，社会价值的多维共享决定了社会治理必须面对多元主体之间的博弈，怎样让这个博弈不沦为鹬蚌相争而是化腐朽为神奇，使参与的人都能从中获益而拍手称快，已成为一个必须要解决和实现的问题；社会上时不时出现的强拆、教育资源分配不均等问题会给人的价值世界带来巨大撕裂，这应当引起我们足够的重视和警惕。

四、社会心理服务参与社会治理的路径选择

突显社会心理服务在社会治理中的必须与优势，实现社会治理的本源与价值是值得人们孜孜以求的。现代社会治理带来的倒逼影响和来自心理学内部的自我发展需求，迫使社会心理服务要在观念意识与多主体联动、服务实践落地与环境规范建设、产业扶持与资源投入、管控风险与效果建设方面做出新的适应性发展。这种新的适应性发展不仅会现实地改变城市社会治理的格局，而且实际地为社会治理的后续发展提供了行之有效的路径选择。

1. 树立现代化的服务理念

社会心理服务不仅是理论在实践中的应用体现，即心理学理论在社会治理实践中的运用，它更是社会治理的创新表现，表达了社会治理的现代化转型。社会治理的主体、对象要正确认识与定位社会心理服务，从社会治理未来发展的高度及基层社会治理具体实效的程度来看待我国的社会心理服务，它本质上是一种精准化社会治理的模式反映，是符合以"人民为中心"的价值追求的。

树立现代化的服务理念，点题在"服务理念"，关键却在"现代化"。"现代化是一个多层面的、广泛的转变演化过程，包括从人类思想到行为在内的一切社会领域内的改变与改良。"[1] 英格尔斯说，"完善的现代化的社会制度、管理规则，其本身只是一个空壳。如果一个国家的国民缺乏能赋予这些制度

---

[1] 塞缪尔·P. 亨廷顿. 变化社会中的政治秩序 [M]. 北京：生活·读书·新知三联书店，1996.

规则以鲜活生命力的普遍的社会心理基础，如果决策和运行着这些现代制度的人，他们自身还没有在认识上、观念上和行为上实现向现代化的蜕变，那么失败和异化的悲剧结局就是不可避免的。”[1]要树立现代化的服务理念，就要强有力地推进公职人员实现思想转变或者准确地说达到思想的现代化。

自 1986 年起，国家民政部首次要求我国城市开展各类社区服务工作的任务以来，我国城市社区服务工作的主导推动者一直是政府相关部门。社会建设和发展离不开国家的顶层设计、宏观指导和战略规划，这是我国国情所决定及社会发展形成的共识；特别是我国幅员辽阔，这种自上而下的工作推进能更迅速高效地实现各级政府部门的重视和联动。社会心理服务也不例外，也需要政府牵头，统而观之，由政府牵头、部门联动的方式对社会心理服务体系的构建及今后的发展作用是巨大的，它能直接启动、推动社会心理服务工作的开展，取得服务效果的最大化。社会治理作为国家战略在十八届三中全会中出现，给新时期的社会心理服务工作奠定了高起点，这种顶层设计必将强有力支持社会心理服务工作逐层推进、推动公职人员思想转变并取得实效。具体来说，就是通过顶层设计由政府牵头倒逼地方公职人员转变思想，加强认识，形成动力；这个过程中要促成从“社会管理”到“社会治理”的进阶、实现治理主体从“一元”到“多元”的共治、实现治理路径从“管控包揽”到“民主协商”的放权、实现治理方法从“发号施令”到“心服口服”的转变。这么大的思想进阶及方法转变，使得抓公务员的内训提上了议事日程，不管利用什么样的培训平台或培训方式，目的是使公务员的认识能跟上社会治理现代化的发展，清晰认识到社会心理服务是社会治理至关重要的方式，是社会治理的专业平台和专业力量，是实现人们追求美好生活的重要手段，是社会治理创新发展不可或缺的路径选择。

树立现代化的服务理念还包括政府不再一家独大、大包大揽，而是主动对接社会各界，携手推进社会心理服务工作，以此扩展专业社会治理平台的纵深面。社会心理服务工作需要政府职能机关主导下的社会多元主体的共同

---

[1] 阿历克斯·英格尔斯 . 人的现代化 [M]. 成都：四川人民出版社，1985.

参与，政府要主动对接社会各界尤其是学界和商界，促进社会机构及企业将科研成果快速高效转化为可以用来服务于民众的平台或产品；政府也可购买社会机构及企业的社会心理服务资源和平台，开展社会治理的心理学方法培训及具体的心理服务工作；提供社会心理服务业务的社会机构需配合政府开展社会心态的监测，并由科研教学机构为其提供科技保障；政府购买的服务可针对特定群体或特殊人群进行社会心理的疏导，反过来这种有现实需求的服务又进一步推动该行业或产业的发展。观念转变后实现的政府与社会的对接及良性循环能成就社会心理服务的发展。

2. 规范社会心理服务的发展环境

推动社会心理服务的实践落地彰显其在社会治理中的作为，需要创设有利于社会心理服务发展的环境。首先要明确责任主体，“兵无将而不动”，确定社会心理服务行业的行政主管部门及业务开展部门。专业的行业协会是心理学者参与社会心理服务全过程的平台之一，行业协会在社会心理服务工作中应发挥独特的作用，它能组织开展学术科研交流以及科普活动，能在一线指导工作并进行相关的业务培训，行业协会还应当担起社会心理服务工作及人员的规范和管理的责任。入选中央综治办 12 个社会心理服务体系建设联系点的市区县，都是在地方政法委及综治办的领导下，成立了社会心理服务的相关行业协会并开展具体工作的。但目前这些行业协会所能提供的服务内容仍比较窄化，需要进一步拓宽工作领域，如将社会心态、社会情绪也纳入进来，积极为公众参与牵线搭桥、提供平台。

其次，还要提升心理学工作者的社会服务热情，鼓励支持他们进行学术本土化的研究。20 世纪 80 年代以来，心理学的学术成果影响了美国公共健康、司法、环境以及社会保障等领域政策的制定[1]；在众多为政府提供决策服务的机构（如美国兰德公司、ISR 社会调查研究所、英国战略情报研究中

[1] 胡象明，陈萌 . 简论美国公共政策制定中的心理分析 [J]. 中国行政管理,2008（7）.

心等）中，心理学家都占有相当大的比例。[1]心理学工作者要意识到，学术研究不是空中楼阁，而是需要接地气，研究既来自实践又回归实践，既来自社会需求又要回应社会需求。同时心理学工作者也要意识到，服务社会是一名专业学者成长的重要路径，在实践中发现研究课题，在研究中修正实践价值。心理学在我国社会主义新时代是大有可为的，心理学术的研究要实实在在地回应人民对美好生活的追求，重视百姓日常，关注时代发展，着力社会建设；要重视社会心理、社区心理、公民参与等方面的理论建设与应用研究，积极探索社会心理研究为社会发展、民众幸福做贡献的有效路子。

再次，要为社会心理服务的顺利推进打造一系列支撑体系平台。如运行系统、保障系统、评价系统以及社会心理与社会行为的测评系统。社会心理服务的运行系统是社会心理服务的工作平台，包括服务主体、服务受体、服务模式、服务形式、服务内容、服务资源等，运行系统要负责服务平台的具体建设和日常服务工作，是保证社会心理服务开展的前提。社会心理服务的保障系统，包括组织管理、资源整合、协同服务、创新激励等，通过政府及有关部门的调控，对跨单位、跨部门、跨地区的运行平台进行组织管理、盘活整合人力物力资源、共建共享信息与业务、创新分配利益激励，是保障政府主导、多方协同、充分利用、开放服务，效率公益的社会心理服务保障体系健康运行的支撑平台。社会心理服务的评价系统是社会心理服务的检验平台，以提升社会心理服务的绩效为目标，对社会心理服务的流程、能力及效果三个维度定期进行监测与评价，形成服务各要素之间相互影响、共同促进的良性循环格局。社会心理与社会行为的测评工具，是基于心理的主观性、变动性，从而通过一定媒介以实现主观心理的客观化、可视化的工具。通过科学的测评工具监测社会情绪、社会舆论，调节社会心态，引导群体思维、网络舆情，甚至控制群体极化，以实现客观准确地分析社会各个层面的心理现象，使社会心理与行为的方向、速度符合社会现实生活的需要，为社会治

---

[1] 郑蕊，周洁，陈雪峰，等．研究社会心理行为促进社会管理创新 [J]. 中国科学院院刊，2012（1）.

理提供信息和支撑。

此外还要强化行业伦理、促进规范化发展，并及时推动立法。美国于1938年就已经设立了科学及专业伦理学委员会，针对该行业规范化问题成立了专门机构。由于社会心理服务在我国还是新生事物，国家最早也只是前几年在12个城市进行试点操作，因此地方性法规或管理条例很不健全，给行业的规范管理带来难题。随着我国的社会心理服务迎来发展的重要契机，急需在该行业推进立法工作以进行规范管理，通过专业伦理学委员会及地方立法部门对社会心理服务的管理主体责任、对从事心理服务的个人、公司、协会的资质，对服务对象、内容、收费、考核、监管等方面进行规范，从而进一步理顺社会心理服务的管理体制，推动社会心理服务行业走向健康繁荣。

3. 加大社会心理服务资源投入

支持建立社会心理服务理论研究与实践应用一体化的资源投入。如：1988年美国心理学会（APA）创设了“公共政策研究杰出贡献奖”，[1] 奖励那些拥有突出社会责任感及杰出应用价值的心理学研究成果，通过奖励引导心理学者的研究方向，实现理论研究与实践应用的快速转化和无缝对接。2017年12月澳大利亚政府成立了新机构——心理健康研究顾问委员会（Mental Health Research Advisory Committee），其工作目标是资助那些有利于提升民众生活水平的心理健康研究计划。我国政府部门及社会相关企业也可尝试资助或奖励那些主动参与社会治理的心理学研究与应用。

把社会心理服务纳入社会保障或公共服务行列，以此加大对社会心理服务的投入。心理服务在一些发达国家属于公众保健性服务，有全国性的保健服务机构来专门从事这项工作；而有些国家则将心理咨询纳入医疗保险中，由国家来分担心理咨询费用。我国有几个经济发展与社会建设很好的城市也

---

[1] 王芳，刘力，许燕，等. 聚焦重大社会现实问题的社会心理学研究 [J]. 中国科学院院刊，2012（27）.

出台了相关政策，如前已述及的北京、深圳就把心理咨询服务费用纳入医疗保险。在《关于加强心理健康服务的指导意见》中提及，至2020年，我国“各行各业能广泛开展心理健康促进工作，加速服务能力的提升，心理健康服务纳入社会基本公共服务体系中，同时重点人群的心理健康问题能得到及时关注和有效缓解，社会心理服务体系初步建立”[1]。随着人们对健康端正认识，越来越多的人了解到健康是身心健康的结合，同时心理健康产业是大健康产业的一部分，眼下我国心理健康服务的供与求的差异还很大，还有不少潜在服务需求孕育着潜在市场，这种供少求多预示着心理健康产业有极大的发展空间。我国民众对健康产品的消费额为每年人均31元，占人们消费总支出的0.07%，仅为美国民众消费的6%[2]。在新技术的研发及心理健康产业上，我国还将大有可为，如：可培育“互联网＋心理服务”模式，即在现代网络条件下开展网上心理服务，或利用手机APP预约向临床心理医生问诊，还可通过线上测试进行社会不良心态及心理不健康者的筛查、评估、分诊、干预等。

此外，还要对社会心理服务工作开展比较薄弱的城市和地区加大资源倾斜力度，帮助他们建立必要的服务设施、为他们培养专门的行业人才、让心理服务跨城市、跨省际多次流动。

4. 管控社会风险，增强社会信心

管控社会风险，增强社会发展信心，已然成为当今社会建设必须直面的问题。

一是要改良基层“社会土壤”，预防“蝴蝶效应”，把培养积极向上的社会心态作为核心，让正向的民众心态成为城市社会治理良好的“社会土壤”。

---

❶ 全国老龄工作委员会办公室．中国老龄工作年鉴（2017年）[M]．北京：华龄出版社，2017

❷ 袁萍，张晓燕．我国健康服务产业发展的“钻石”模型分析[J]．现代经济信息，2016（10）：372-374.

现代社会是个风险社会，风险社会的特质犹如“蝴蝶效应”，社会问题聚沙成塔，一个小小的行为就可能变成突发性的公共事件，产生难以估量的危机和后果，若等到事件发生再去处置，显然会处处被动；社会心理服务的优势就在于能从基层做起，从社会小问题做起，晓民情、解民怨、传民意、缓民风，进而改良社会不良心态，增强基层群众对国家和社会的认同感、归属感，增加自身的获得感、责任感等，总之，持续专业的社会心理服务能有效减少社会矛盾，维持社会稳定，降低运行风险与社会治理的成本。

二是要克服基层“治理短板”，预防“木桶效应”，着眼于满足民众需求。社会治理要实现无死角全覆盖，必须要有社会心理服务这种贴近基层的方式作为有效补充。由于信息不畅通，民众个人价值观、认知方式存在差异以及不良的社会影响，极易导致民众对政府的社会服务管理、责任能力、公共服务的公平等产生误会和负面评价，民生凹地必定是民怨聚集地，相反亦然。因此，社会心理服务需要把民众利益诉求及社会普遍关注的焦点作为工作中心，把老百姓最迫切的利益需求问题摆在突出位置，从改变认知、疏通情绪、了解真相、客观比对、合理欲求等方面预防和化解民怨民愤，从而有效地预防和化解基层社会矛盾，从源头上缓解民众的失调心理，共建共享和谐社会。随着民众诉求与社会焦点问题得到进一步解决，民众的认识将更加理性，对社会治理的信心也将随之提升。

三是促成由心而治的“善治”，提高公务人员及其他治理主体的社会治理能力。善治是人类社会治理的最佳状态和最有效方式，走向善治是新时代中国社会治理的必然取向。社会治理的多元主体人的心理素质、价值观念、信念信仰等内生的心理学问题可以在社会心理的研究中获得回应，社会心理服务能帮助提高社会治理主体的治理能力，有效助力开创以善治为导向的社会治理格局。

社会治理的多元主体应包括政府、民间机构、公务人员以及社会个体。协调好不同社会治理主体之间的博弈关系，有赖于精准把握不同社会主体的心理需求。多元主体间达成良性互动的社会心理服务能有效增进社会的高效、有序运转，从而鼓舞社会基层民众的活力与信心。

第三章
市域社会心理服务的实然状况

我国的社会心理服务从一开始就是在市域范围试点的。为了党的十八届五中全会提出的"健全社会心理服务体系和疏导机制、危机干预机制"政策得到全面实施，2016 年 6 月中央综治办发布了《关于建立"社会心理服务体系建设"联系点的通知》，经过前期摸底和整体评估，为了更好地指导基层推进社会心理服务工作，决定设立 12 个地区作为"社会心理服务体系建设"联系点，实际上就是为了将联系点打造成示范点，为社会心理服务的大规模开展积累经验。这 12 个试点地区分别是北京市丰台区、山东省青岛市胶州市、河北省石家庄市、河南省驻马店市西平县、上海市长宁区、浙江省杭州市拱墅区、湖北省十堰市茅箭区、江西省赣州市、湖南省长沙市、福建省厦门市、广东省广州市荔湾区和宁夏回族自治区石嘴山市大武口区。这 12 个联系点指定后，试点地区政府及相关机构就开始认真探索本地区的社会心理服务体系建设工作，试点城市已经做出了不少业绩，足以总结出可供参考的经验。

接下来，本书将从市域社会心理服务发展的政策沿革、市域社会心理服务的学术研究现状、市域社会心理服务的实践现状及实践特点等三方面进行论述。

一、市域社会心理服务发展的政策沿革

本质上，社会心理服务就是党和政府为了更好地进行社会治理，维护社会和谐稳定，进而对人民群众进行思想政治工作的一个重要内容。特别是社会心理服务早期政策话语的表现更说明了这一点。

1. 社会心理服务的早期来源

在国家的历次文件中，最早提及“心理”一词是在刚刚进入 20 世纪，即 2001 年的《十五规划纲要》中，在“加强思想道德建设”篇章中提到“加强青少年的思想政治、道德品质、心理健康和法制教育，努力建设适应社会主义市场经济发展的思想道德体系”[1]。虽然在纲要中只提及了“心理健康”，但这可以看作是后来社会心理服务的源头。

2006 年 10 月中国共产党第十六届中央委员会第六次全体会议更具体地提及“促进心理和谐、加强人文关怀和心理疏导，引导人们理性对待自己、他人和社会，理性对待困难、挫折和荣誉”[2]。2006 年的《十一五规划纲要》中“心理健康”出现在“提升人民健康水平”章节中，原文为“加强心理健康教育与保健，重视精神卫生和疾病防治”。“十一五”规划中，心理健康不再出现在思想道德建设条目下，而是出现在人民健康栏目中，可见心理健康已不再单纯属于教育范畴，不仅是教育部门的事情，也属于卫生与健康领域，同时还提到了精神卫生和疾病防治，已然把心理健康纳入了精神与卫生

❶ “十五”计划纲要 [EB/OL]（2014-03-29）.http：//www.xinhuanet.com/.

❷ 胡锦涛 . 中共中央关于构建社会主义和谐社会若干重大问题的决定 [M]. 北京：人民出版社，2006.

部门。这种认识的转变或概念的延展，使得后来有关心理健康的文件精神的落实一般都是由教育部门或医疗卫生部门来执行。

进入 21 世纪之后，在大中小学开始了对心理健康的关注，大学的心理健康教育及心理咨询中心也雨后春笋般渐次开展起来。如：2002 年《中小学心理健康教育指导纲要》颁布，2004 年教育部出台《中等职业学校学生心理健康指导纲要》，2005 年《教育部、卫生部、共青团中央关于进一步加强和改进大学生心理健康教育的意见》发布，由此各级各类学校的心理健康教育蓬勃开展；在此之后，"心理疏导""心理健康（教育）"等字眼也出现在我国各个五年规划的文件中，虽然出现在规划纲要的不同章节，但可以看出政府层面对心理及心理健康认识的转变及执行的决心。

2. 社会心理服务的进阶认识

人们对心理服务或心理健康服务的熟知，大多来源于 2007 年召开的党的十七大，在党的十七大报告的"文化建设"章节中提道："加强和改进思想政治工作，注重人文关怀与心理疏导，用正确方式协调人际关系"[1]，再次把心理服务纳入思想政治领域的职责内容，且主要强调了其工作方法为"人文关怀"和"心理疏导"，工作内容主要是处理人际关系，与现在的社会心理服务相比，显然无论在认识上、方法上及结果上都更微观、更具体、更小众。

2011 年的《十二五规划纲要》，"心理健康"出现在"加强精神文明建设"的章节中，原话表述为"弘扬科学精神，加强人文关怀，注重心理疏导，培育奋发进取、理性平和、开放包容的社会心态"[2]，这种提法在党的十七大和党的十八大报告中起到了承上启下的作用，既要"加强人文关怀，

❶ 胡锦涛 . 胡锦涛选集：第 2 卷 [M]. 北京：人民出版社，2016.

❷ 中华人民共和国国民经济和社会发展第十二个五年规划纲要 [EB/OL]（2011-03-16）.http：//www.gov.cn/2011lh/content-1825838.htm.

注重心理疏导”，同时又不局限于人际关系或心理保健领域，而是为了培育和造就“奋发进取、理性平和、开放包容”的良好社会心态。

2012 年 11 月党的十八大报告基本延续了十七大的这一提法，同时又有《十二五规划纲要》的提法痕迹，再一次强调：“加强和改进思想政治工作，要注重人文关怀和心理疏导，培养自尊自信、理性平和、积极向上的社会心态”[1]，再一次突出心理服务在思想政治工作中的重要性，而且在认识程度上有所提升，即人文关怀与心理疏导不仅是思想政治工作的路径，更是为了培育积极的社会心态，对心理服务的认识又上升了一个台阶，对心理服务的重要意义有了更高的定位，即培养积极向上的社会心态。

至此，我们不难发现，虽然完成了对心理服务的进阶认识，提高到了培育积极向上的社会心态的高度，但仍然没有脱离思想政治领域的视角，心理服务主要体现在思政工作中，更多是为了“加强和改进思想政治工作”。

延续之前一直对各级各类学校心理健康教育的重视，教育部又于 2011 年为促进大学生心理健康教育工作规范化发展，制定了《普通高等学校学生心理健康教育工作基本建设标准（试行）》及《普通高等学校心理健康教育课程教学基本要求》的文件，后续又出台了《中小学心理健康教育指导纲要（2012 年修订）》这种统领性纲领性的文件，又有《中小学心理辅导室建设指南》这种具体建设指导意见的文件。从规划到基本要求，从课程到辅导室建设，从大学到中小学，从此教育系统内部已实现了全面部署心理健康工作，并取得了令人瞩目的成绩。也正因如此，在如今的社会心理服务工作中，各级教育系统的心理机构及教育人员成了其重要的人才支撑，各级各类学校成了这项工作的重要阵地，教育系统心理健康工作成果成了其工作成效的主要依托。

[1] 中共中央文献研究室．十八大以来重要文献选编（上）[M]. 北京：人民出版社，2014.

3. 社会心理服务的试点实践

2015 年 10 月 29 日议定的关于“十三五规划的建议”中，在“加强和创新社会治理”的大标题下主张“健全社会心理服务体系和疏导机制、危机干预机制”。在这一文件里，非常明确地将“社会心理服务体系”放在社会治理背景下来叙述。但同时在 2016 年正式颁发的《十三五规划纲要》中清晰地提出要加强心理健康服务，且在“教育现代化”“推进健康中国建设”“保障妇女未成年人和残疾人基本权益”这三个章节中多次出现“心理健康”一词，由此可见，中央对心理健康认识的视野更加广阔，在教育、医疗卫生、权益等领域都进行了促进心理健康的任务布置及目标设定，要全面开展心理卫生服务，要增强心理健康教育，要注重未成年人的心理健康建设。心理及心理健康的价值认识正在日益提升！

2016 年 6 月，中央综治办为全面贯彻落实十八届五中全会“健全社会心理服务体系和疏导机制、危机干预机制”的重要决定，出台了《关于建立“社会心理服务体系建设”联系点的通知》，经过前期摸底和综合考量，为了更好地指导和全面铺开基层社会心理服务体系建设，决定在全国范围内将 12 个市县区作为“社会心理服务体系建设”先行联系点，并力争将联系点建设为国家的示范点。

2017 年 10 月，在党的十九大报告中，没有沿用之前的“心理健康”一词，而是在“提高保障和改善民生水平，加强和创新社会治理”的大标题下要求“加强社会心理服务体系建设，培育自尊自信、理性平和、积极向上的社会心态”[1]。在这里体现了三个转变，第一种转变是心理服务已从“文化建设”领域归入“社会治理”领域，从思想政治对象扩展到社会建设对象，从思政工作方法聚焦到更广泛意义的社会治理方法中，实现了心理服务的归属

[1] 习近平. 决胜全面建成小康社会夺取新时代中国特色社会主义伟大胜利——在中国共产党第十九次全国代表大会上的报告 [M]. 北京：人民出版社，2017.

领域、工作内容、工作方法的拓展或者说实现了对心理服务认识上的跨越，是对社会心理服务认识的进阶。第二种转变是第一次把“心理疏导”与“心理健康服务”提升到“社会心理服务体系建设”的高度，把它们作为社会治理体系中“德治”的内容。第三种转变是心理服务的工作方法从最初较为狭义和具体的“人文关怀”和“心理疏导”延展为更为广泛、更成体系的社会心理服务体系建设。至此，心理服务完成了华丽转身，被国家和社会赋予了更重要的意义，社会心理服务体系建设肩负着塑造积极社会心态和促进社会和谐安宁的重要使命，不管是在建设和谐文化、提升公民道德水平上，还是在社会治理上，都具有不可或缺的价值。

2016 年 12 月，为落实《精神卫生法》《“健康中国 2030”规划纲要》及《十三五规划纲要》等政令法规，国家卫计委、中宣部等 22 个国家部委携手发布《关于加强心理健康服务的指导意见》，这是我国首度颁发的全方位（不只限于教育或医疗卫生领域）强化心理健康服务的指导性文件，文件中要求因地制宜大力开展各类心理健康服务，增进社会心理服务体系建设。文件里提出“加大心理健康服务、建设社会心理服务体系是提升大众心理健康水平、稳定社会心态、和谐人际、提高公众幸福感的重要举措，是形成良好道德风尚、促进经济与社会发展、培育和践行社会主义核心价值观，是实现国家长治久安的一项源头和基础性工作。”从人际关系和谐到公众的幸福感获得，从心理健康教育到心理健康服务的改变，可看出心理健康的对象已从各级各类学校的学生拓展到全民，心理健康的工作方式已从教育辅导延展到各类服务，顶层对心理健康及心理服务的认识已发展到一个新的阶段，其重要性也因此提升到一个新的高度，国家和政府已从更高更全的视角着手开展和部署这项工作。

中共中央政法委、综治委于 2016 年发布《关于充分发挥综治中心作用，加强社会心理服务疏导和危机干预工作的若干意见》，从《意见》中我们已然能感应到国家已将重心聚焦到社会心态，从个体心理健康转向社会心态健康培育，体现了从更高层次和更广视角关心重视整个社会的心态。为更好地把中央创新社会治理的精神落到实处，中共中央政法委和综治委紧接着着手于12个社会心理服务体系建设联系点的布局，开始探寻社会心理服务体系及社会治理创新的有效经验。

为更好地贯彻十九大报告中的“加强社会心理服务体系建设，培育自尊自信、理性平和、积极向上的社会心态”的目标，以及促进社会治理重心下放基层，同时为全国社会心理服务体系建设积累城市经验，2018年中央政法委、中共中央宣传部及国家卫健委等10部委又进一步发布了《全国社会心理服务体系建设试点工作方案的通知》，通知要求各省（区、市）高度重视试点工作，由卫生健康委员会及政法委等部门牵头，努力把社会心理服务体系建设工作打造成为建设平安中国、健康中国的关键基点。2019年1月3日，国家卫健委、中央政法委联合举办了全国社会心理服务体系建设试点启动会议，对试点建设工作如何开展做了宏观上的谋划布局，并于2019年6月印发了新的“全国社会心理服务体系建设试点地区名单”及“全国社会心理服务体系建设试点2019年重点工作任务”。这次试点城市从12个发展到全国71个市、区，从组织管理、工作开展，到措施保障都提出了详细要求。由此，社会心理服务完成了从少数群体的心理健康到整个社会心态培育，从12个试点到71个试点，从教育、卫生部门到卫健委、政法委牵头，在顶层的助推下实现了跨越式的发展，使得社会心理服务在试点地区的基层广为开展，并深入人心，在维护社会稳定、实现人们追求美好生活方面开始显现成效。

在2019年试点建设工作执行现状的基础上，为更深入地推动和规范各地试点建设工作，加强应对2020年新出现的疫情防控需求，国家卫健委、中央政法委共9部委以办公厅函形式于2020年4月26日下发了关于全国试点单位2020年重点工作任务的通知，在本次通知中又再一次增设了试点单位。

综上所述，“社会心理服务”并不是新中国成立之初就有的，而是随着政治、经济的发展，随着社会管理的深化，随着顶层认识和民众需求的提高而来。我国自迈入21世纪至今的20年间，“心理”受到各界关注，党和国家政策也从心理疏导到心理健康教育，从心理健康教育到心理健康服务，从心理健康服务到社会心理服务，步步深化、步步拓展，与之前相比，目前对社会心理服务的认识有以下特点：

一是外延更扩展、内涵更丰富。从个体延续到群体再到全体，从心理健康延伸到心理卫生再到社会心态，从心理健康教育延展到社会心理服务体系，从教育领域与思想政治领域延迁到社会治理领域，国家对社会心理服务的认识呈现出内涵不断深化和外延不断扩展的特点。社会心理服务工作应包含心理健康服务的内容，但并不限于此，我们应该站在国家治理现代化及社会治理创新的高广视界来看待社会心理服务及其体系建设工作；我国的社会心理服务突出“社会”这个大背景和“社会心理”这个整体状况，着力解决宏观社会心理问题，包括良好社会心态培养、积极社会心理建设、社会治理中的心理学应用等。

二是目标更明确。之前提出的心理健康其着力点主要在满足个体或部分群体的心理需求，并把它纳入思想政治教育领域以及卫生健康领域；如今的社会心理服务着力于全体民众及社会层面的共性心理问题，并归入社会治理领域。这使得社会心理服务（体系）的工作目标更加宏大也更加清晰，通过解决那些普遍性、群体性和涌现性的社会心理问题来达成现代化的社会治理目标；同时通过在社会治理中运用心理规律，采用心理学策略来开创社会治理新路径，推进我国社会治理的精细化程度，提升我国社会治理水平，实现国家与社会的“善治”追求。

三是工作的途径与方式方法更多样。心理疏导和人文关怀作为心理服务的重要途径，它更多解决个体及一些群体的心理健康问题；作为社会治理视域下的社会心理服务除了有心理健康的任务，更需要解决的是整个社会的心态问题及心理建设问题，因此需要通过体系建设及更多样化的路径及方式方法来实现。

可以说，从心理疏导到社会心理服务体系建设是我国社会治理的一项重要创新，社会心理服务体系是对心理健康教育的一次重大拓展。

二、市域社会心理服务的学术现状

2015 年，“社会心理服务”在国家的文件中正式出现，人们对社会心理服务的热情主要表现在实践行动和学术研究两个方面。我国学术界针对社会治理实践的社会心理服务探索也在这个时间节点之后蓬勃起来。2016 年我国心理学界正在悄然发生着变化。在这个伟大的变革时代，有愈来愈多的专业机构和专家学者在思考着心理学对这个时代的价值，特别是中科院心理所所长傅小兰作为为数不多的心理学家参加了 2017 年的十九大以来，心理学界对社会实践的关注越来越活跃，学术组织、科研、教学等方面的社会心理服务的研究与实践热情越来越高涨。但从总体来看，社会心理服务发展还不够成熟，在中国知网收录的学术期刊中，以“社会心理服务”为主题进行检索，在 2017 年还是个位数，到了 2018 年增至十位数，2019 年已增至 38 篇。2020 年随着新冠肺炎疫情的暴发及持续，到 5 月份就有 21 篇关于此次疫情或突发事件方面的社会心理服务的研究论文。随着社会治理的深入，社会心理服务的学术研究与对社会实践的指导还有很大的空间，心理学者在社会心理服务领域还有很大的潜力和作为。

1. 学术研究

从前面提及的社会心理服务的政策沿革中我们可以看到，“社会心理服务”一词虽然是近几年才出现的，但与它相关的内容及理念并不新鲜，学界也早就对“心理健康”“心理卫生”等领域进行了长时间的研究与积累。“社会心理服务（体系）”是近年来中央的一种新思想新理念新表述，对学界来说还是一个新生事物，之前并未进行系统研究，可搜寻的学术论文数量不多。之前虽有对社会心理或心理服务进行研究的论文，但始终没有出现“社会心理服务”这一完整词汇。自2017年以来对它的研究才开始兴旺起来，在中国知网收录的学术期刊的研究论文中以“社会心理服务”进行检索，最早用“社会心理服务”来命名论文名称的是2017年2月赵环在《中国社会工作》发表的一篇卷首语，题目是“构建多方共同参与的社会心理服务体系”，另一篇是傅小兰作为十九大代表在《人民论坛》特刊“十九大代表声音”发表的一篇短文《加强社会心理服务体系建设》。虽然这两篇文章篇幅短小，但无疑起到了先声和号角的作用，特别是十九大代表傅小兰利用自己中科院心理研究所所长的身份，率领众多心理专家在业内掀起了研究“社会心理服务”，运用心理科学服务社会治理实践的热潮。

从中国知网收录的学术论文来看，最早对“社会心理服务（体系）”进行系统学术研究的应该是中国人民大学心理研究所的俞国良教授，他于2017年7月在《心理与行为科学》发表的《社会转型：社会心理服务与社会心理建设》这一学术论文可看作是学界对“社会心理服务（体系）”进行心理学学术研究的开篇之作；随后还有辛自强、陈雪峰、吕小康、汪新建、王俊秀、伍麟、刘天元等对社会心理服务（体系）进行了较为系统的学术研究，阐述了自己的理论观点。2018年之后，以社会心理服务为主题的学术论文开始兴盛起来，特别值得一提的是《心理技术与应用》期刊在2018年10月首开“社会心理服务的实践与研究”专栏，刊登了10篇知名心理专家撰写的研究论文，推动了社会心理服务的系统研究，掀起了第一个研究高潮。2019年《心理学通讯》第一期也开办了社会心理服务的专栏并收集了5篇社会心理服务的研究论文。2020年《心理科学》设立了“新时期社会心理服务研究专题”，旨在大力推进我国国家治理体系和社会治理水平的不断完善。

2017年以社会心理服务为主题的论文只有7篇；但在2018年已达到了26篇，不少是对社会心理服务的概念、内容等理论问题进行的研究；到了2019年增至38篇，有一部分是关于社会心理服务试点城市经验总结类的文章及社会心理服务在医疗、学校、社区等场域的应用类文章及社会心理服务体系建设问题的论文；到2020年收录有48篇，收录的论文研究内容或研究方法更加多样，不仅有对社会心理服务的实证研究，还有疫情下社会心理服务工作的新应用研究。北京师范大学、武汉大学、复旦大学、中国社会科学院等多家机构的心理学及卫生学专家还在疫情期间进行了一场“公共突发事件与社会心理服务体系建设”的笔会，为风险应对、公共突发事件防控提供了有力的学术支持，辅助民众和政府部门做出更为理性的决策。

2. 学术活动

2016 年心理学学术界正在经历着一场变革，不断有学术机构及学者们参与进来，他们在日益关注着、亲身参与着这场变革，在此后的几年间成为实现心理学时代价值的有力践行者。接下来本书将以时间为线索对参与社会心理服务的学术活动进行梳理。

2016 年 10 月 29 日，由北京社会工作委员会、中央财经大学、北京市社会联合会联合举行的“社会心理与社会治理”论坛在京召开；同年 11 月 15—16 日，中国心理学会主办的“心理学与社会治理”学术讨论在北京举行。除此之外，一些省心理学会及其分会也真切意识到心理学的社会价值与学术义务，主动对接社会发展需要，表现在 2016 年很多省份的社会心理学会就曾以上述主题举办本省学术会议，共话心理学的社会责任。如：安徽省社会心理学学会 2016 年学术年会以“社会治理与社会心理”为议题，江西省社会心理学会年会以“和谐心理，和谐江西，和谐社会”为议题，广东省心理学会年会以“社会发展与心理学的应用”为议题。可以深切体会到，中国心理学投身于国家社会发展的实践，探寻社会治理中的心理学策略既是势在必行也是势不可挡的，中国心理学也必将迎来内部革新和自我成长的重要契机。

中科院心理所和中国科学报社联合举办了第一届社会心理服务高峰论坛，此次论坛于 2018 年 1 月 18 日在中科院召开。讨论的主题聚焦在普及全民心理健康知识，全方位开展社会心理服务，让百姓获得更多幸福感。此次会议的参会人员来源较广，有来自国家党政机关部门的领导，也有心理学界的专业人士以及基层社区的社会心理服务工作人员，共计 150 余人，此次会议提供了一个社会各界联系的平台，政界与学界就如何建设社会心理服务体系以落实十九大精神进行了广泛探讨。2018 年 7 月中央财经大学承办了中国社会心理学会的“社会心理服务的实践与研究”会议，这是我国心理学界的一次大规模专题研讨会，众多专家学者济济一堂，为我国社会心理服务体系建设献计献策。同年中国科学院心理所还组织了“社会心理服务体系建设研讨会”，社会心理服务体系建设试点工作的负责人与专家学者们齐聚一堂，学界政界再一次面对面商讨试点工作对心理学的需求及更好地发挥心理学人的作用，使心理学的理论成果与方法技术真切回应社会需求，同时在服务社会的实践中反哺学科成长。

2019 年 4 月来自全国的著名心理学家、心理服务机构法人代表、政府相关部门等 400 余人在济南参加了“第五届全国心理服务机构发展模式高峰论坛”，共同商议探讨社会心理服务机构的工作模式，共享发展经验。2019 年 9 月，山东省心理学会也以这一议题作为省心理学年会的主题，讨论了山东社会心理服务的发展问题。2019 年 11 月，中国心理学会社会心理学专业委员会在赣州举办了以“新时代中国社会心理学家的责任与担当”为主题的学术年会。2019 年 11 月 16 日，“民族心理与民族地区社会心理服务”论坛在云南省临沧市召开。2019 年 12 月，第九届“心理学与中国发展论坛”在南开大学召开，论坛主题为“本土实践与全球视野下的社会心理服务体系建设”，学者们就中国心理学的发展方向与社会心理服务体系建设进行了多元深入探讨，并达成共识：一是我国心理学的发展要扩大学科发展视野、转变学科发展范式、革新学科方法论，使心理学的未来发展能更有力地关照与回应社会发展需要；二是纠正目前社会普遍存在的以心理健康为主的社会心理服务建设路线，而转向重塑社会心态进行社会心理建设，以促社会治理发展的这一逻辑；三是挖掘中华优秀传统文化的社会心理建设资源，夯实我国心理学本土发展的理论和实践支撑，建立中国心理学的自体性。[1]

---

[1] 姜鹤 . 服务社会现实，推动学科发展：第九届“心理学与中国发展论坛”会议纪要 [J]. 心理技术与应用，2020（4）.

2020年因受新冠重大疫情的影响，各个心理机构均以此为背景开展疫情下或风险中的心理发展研究，心理学术研究越来越体现与时代巨变同行的特点以及为重大社会事件服务的功能。中国心理学会社会心理学专业委员会2020年学术会议以“大变局时代的中国社会心理学：机遇与挑战”为主题召开；中国社会心理学会2020年学术年会以“风险常态化下社会治理体系的完善与提升”为主题举办；中国心理学会社区心理学专业委员会2020年学术会议主题为“后疫情时代的社区心理学”；江苏省心理学会2020年会议主题为“公共危机应对与社会心理服务体系建设”。2020年11月18日，中国心理服务高峰论坛于赣州召开，有学界政界商界等社会各界共240余人参加，共同研讨和交流社会心理服务体系建设联系点的试点经验。

所有这些会议和论坛等学术活动以专业力量带头，汇聚各方力量，交流了社会心理服务体系建设试点地区的发展成果与经验，分享了社会心理服务领域的最新实践和学术研究成果，共话心理与社会发展，体现了心理学科的社会价值及心理学人的社会担当。

3. 学术机构

从前述中可以知道，各级心理学学术机构及社会心理学会、医学心理学会、心理咨询学术机构、专业委员会均就社会心理服务开展了学术研讨，对社会心理服务表现出了极大的热情，体现了心理学的发展与时俱进的时代特征及心理学以促进社会发展为己任的现实担当。但随着社会心理服务的顶层设计及试点铺开，急需要有专门的社会心理服务的学术中心或研究基地以承接社会治理的需求，开展专门化的研究与实践工作。

学界已然意识到这一点，为回应社会心理服务体系建设的发展需求，相应的学术组织机构也在学界内部次第新设。2018年5月5日，经中国心理学会批准，下设心理学与社会治理专业委员会（筹）；2018年10月，设立了中国社会心理学会社会心理服务专业委员会（筹）；2018年12月22日，中国灾害防御协会正式成立了社会心理服务专业委员会。

特别是出现一批高校依托已有的心理院系所以及心理学会协会依托现有资源设立的以“社会心理服务”命名的中心、基地。如：在2017年江西理工大学成立了“社区心理服务研究中心”，2019年3月福建师范大学揭牌成立了“社会心理服务中心”，同年5月浙江大学与浙江连信科技有限公司成立了“社会心理服务体系研究中心”；2020年3月绵阳师范学院成立了“儿童青少年社会心理服务研究中心”。还有不少高校出于学术发展与社会服务的需求而成立了社会心理服务研究或实践机构。但总体来说，学术机构数量还有限，服务社会的声望还不够，社会心理服务的学术机构仍有很大发展空间。

4. 培训活动

高校或研究院所的专业教育：中国科学院心理研究所为落实党中央的相关精神和10部委共同印发的全国社会心理服务体系建设试点工作的要求，加紧社会心理服务的专业人才培养，它与北京大学、北京师范大学等知名院校共同开办了“社会心理服务与社会管理专业”课程研修班。目的是为试点单位从事社会心理服务的相关工作人员（如相关的公务员、事业单位人员、社工人员、心理从业者、服务志愿者）或未来有志于从事社会心理服务的各类人员提供专业与系统的知识技能培训，使他们能掌握社会心理服务工作的基本理论、方法和技能，并能胜任社会心理服务的各项工作。河南大学社会心理服务专业高级在职教育（研究生水平）也进入了招生教育阶段，该项目面向共青团、妇联、社区等社会机构及公检法、监狱的工作人员招生，从理论、实操和督导三个方面，系统打造社会心理服务的高端专业人才。2022年中国高等教育培训中心和全国社会心理服务岗位考评中心共同开展“社会心理服务岗位培训”，对各高等院校、教育机构、党政部门、企事业单位、基层社区等从事或拟从事心理行业人员进行培训。

政府部门主办的系列培训：第一批社会心理服务（体系）建设的试点城市有12个，为开展好此项工作，各试点城市的相关部门主动对接学术团体及专家学者，纷纷开展社会心理服务的业务培训、讲座、论坛等，以提高社会心理服务人员的能力水平。2018 年许昌市魏都区综治办组织有关成员单位、各服务机构及社区开展了社会心理服务、疏导和危机干预化解、调节矛盾纠纷的实战技能培训。2018 年 4 月温州市瓯海区与温州市心理学会共同主办承办了“社会心理服务工作培训班”，旨在进一步健全瓯海区社会心理服务体系建设，全力打造平安瓯海“心防工程”队伍。2020 年 6 月稷山县开展了社会心理服务业务骨干第二次培训会，详细学习了社会心理学、咨询心理学、健康心理学的专业知识，提高对社会心理服务的意义认识和能力培养。2019 年 11 月深圳市坪山区社会心理服务人才系列第二期课程也拉开了帷幕，后续还将开展专业、科学、系统的一系列培训，打造专业化、实用性的社会心理服务人才培育方案，以进一步推动社会心理服务体系建设。2019 年 4 月驻马店市的社会心理服务体系建设培训班旨在进一步提高全市社会心理服务水平，培养一支具有一线服务能力的心理健康工作队伍。近年来赣州市政法委牵头邀请全国著名的心理学专家学者开展的讲座就有十多场，对工作人员的专业认识、素质提升、意识自觉还是起到了很好的作用。

社会机构启动的教育培训：在试点地区社会心理服务如火如荼开展的背景下，社会机构也积极进军教育培训市场。为服务心理服务工作人员的专业积累与技能提升，规范工作人员的职场行为，2019 年 7 月中国教育金融集团联合中国心理学会的心理学普及工作委员会、北京国奥心理医院等单位，打造了系列“心理服务专业技术人员培训项目”，以推动社会心理服务质量的不断提升与发展，并努力将这一项目塑造成该行业的标杆。

2020 年下半年，国家人社部教培中心为满足社会需求新设了《社会心理服务》职业技能培训项目，对已经从事或有意向从事社会心理服务的人员进行理论与实操的培训，并为通过考核的人员颁发人力资源和社会保障部的《社会心理服务》初级和中级职业技能培训合格证书。这一职业技能培训项目的开展，满足了社会心理服务行业的人才需求，为社会提供了有专业背景和从业技能的人员，能较有效地缓解社会心理服务行业的人才不足及人员不专业问题。

以上只是列举了一些以“社会心理服务”命名的教育及培训活动，还有更多的以具体实务命名的培训本书不再罗列。可见，随着社会心理服务体系建设的明确提出及政府强力推动，各种主体举办开展的相关培训将会更多地涌现。

5. 市域社会心理服务研究的特点

心理学参与社会层面的研究是大势所趋，我国学界对社会心理服务的研究从2016年开始进入活跃状态，至今也只有6年多时间。从总体来看社会心理服务的学术研究还不够成熟，与之前相比，对接社会治理实践的心理学学术活动的热度正处在上升期，但仍可以认为学界对社会心理服务的学术研究还处在探索阶段，并将在今后很长一段时间都将处于探索阶段，也预示着社会心理服务的学术研究还有很大的发展空间和应用空间。就目前而言，心理学者们对社会心理服务的探讨呈现出如下特点：

（1）学界表现出对社会心理服务的极大关注

近几年来学术论文与学术活动的数量从无到有，心理学业内释放出对社会实践、社会心态等研究的极大热情。在这些学术研究中有一部分对社会心理服务的基本理论问题进行了探讨，还有一部分主要集中在需求研究与体系建设的实践经验总结与探讨，如对运行机制、服务能力、内容范围等的思考。虽然学者们对社会心理服务的内涵理解还存在分歧，但真理总是愈辨愈明。学者们对社会心理服务（体系）的定义、内涵、价值、路径等的研究与论述，让人们能更深入地了解社会心理服务的基本理论，并且对社会实践也有很重要的指导意义。国内心理学界顶级刊物推出的“社会心理服务”专刊、专栏或专题活动，极大地支持了学者的深入探讨、繁荣了研究成果。学术研究机构、学会、协会近些年来举办了各种与“社会心理服务（体系）”相关的活动，增进了学术研究与实践活动的交流，强化了学术研究与实践活动的对接，学者们的研究也增加了实践意义，提升了学者对实践研究与服务社会的自觉，使得学术研究正在走下神坛，成为服务社会发展的重要支柱。高等院校、培训机构也陆续开设了社会心理服务的专业和课程培训，回应并试图解决社会心理服务人才不足的现状；政府部门为从事社会心理服务的各类人员陆续引入社会心理服务的专业培训。如此之多、用力之深、范围之广的教育与培训，足见社会心理服务经过顶层设计与顶层推进后已被广为人知，工作人员与民众在社会心理服务的纵深推进中不断深化了对它的认识，使社会心理服务（体系）在科学、清晰、系统的理论指导下运行，增加了其工作的科学性与有效性。

当然，我们也要认识到社会心理服务毕竟是近几年才成为学界的热点，但远未成为学界的宠儿，其学术研究及成果尚未形成体系，理论与实践的良性循环还有很大留白。尽管我国的社会心理服务得到了国家的大力推动和支持，在学术理论界也受到了足够的重视，但到目前为止，仅有 5 本社会心理服务的专著:《社会心理服务的机遇与挑战》(台海出版社，2020.1)、《社会心理服务走基层实践与调研纪实》(台海出版社，2020.4)、《社会治理心理学与社会心理服务》(北京师范大学出版社，2020.4)、《社会心理服务体系解析》(科学出版社，2021.1)、《社会心理服务体系建设实践指导》(中国人民大学出版社，2021.11)；以“社会心理服务”命名的研究机构、学术研究中心、培训机构还很少，专业刊物还没有出现，学术研究机构还很不足，目前的研究多依赖心理学学者个人或少数团队的单打独斗。

社会治理中的心理学研究确实吸引了不少学者的关注，但还远远不够，还需要深入社会治理的内在需求层面去识别其中的心理学问题并加以研究。在社会实践中有一些社会本身“内在”或“内生”的心理学问题，如民族心理问题、弱势群体心理问题、网络心理问题，等等，这些现实社会心理问题都很重要，都是社会治理的内容。

（2）开始关注社会治理中的心理学问题，但缺乏对社会治理中宏观心理学问题与路径的学术探寻和理论应用

一段时期以来，社会治理在取代社会管理之前，社会问题、社会矛盾的解决主要是通过“硬性”的方式、通过行政手段，取得了不少效果，但这样的治理方式只重结果不重过程，忽略人的心理层面，整个治理过程也不关注心理学的路径方法，这样的社会管理方式不能很好地适应社会现代化发展的需求，也阻碍了社会治理现代化的实现进程。因此，心理学手段在社会治理中的应用进入社会各界有识人士的视界。

我国顶级心理学研究偏理论化倾向，更多注重传统的科学范式和实验实证研究，多研究一般性问题及普遍性规律，较少源于现实问题开展多样化的社会研究；再加上心理学界内部的研究人员大多数是高等院校或研究所的教师及高层次学生，而非对基层熟悉的社会心理服务的直接参与者，不可否认那些学者有较高的研究素养，但他们毕竟缺乏长期真实的社会心理服务实践，容易导致研究的理论与实践的吻合度不高。

我国心理学研究偏微观层面，根据心理学的研究传统，大多心理学者及研究成果偏向微观层面的心理学研究，但从近几年我国社会发展及社会心理服务体系建设的过程中可以看到，心理科学必然要投身于宏伟的社会实践，心理科学的发展须对应社会治理的诸多问题，心理学本身的属性及研究也应具备回应社会治理需求的能力，在治理的主体、客体，治理全阶段及治理路径方法等，心理学应该、也能够释放出更大的价值，进而增进心理学的社会适应力和政策影响力，为我国的社会治理贡献心理学智慧和心理学方案。但目前社会心理服务对社会治理中遇到的宏观心理学问题，如社会心态、民族心理、社会规范、突发事件的心理支援等方面的研究还不够，对社会心理服务体系的责任主体、建设方案、逻辑路径等方面还缺乏有力的探索。

可喜的是，近年来心理学者的研究开始了实践的转向，越来越多的学者、机构、团体开始关注社会心理服务，运用科学方法提高社会治理的细致化程度。心理学界兴起了对“心理＋社会治理”的研究热情，在前面的学术研究、学术活动中已有详细梳理，在此不再重复。

（3）社会心理服务仍然较多以心理健康服务为理念与模式，存在根本上的逻辑偏差

从心理学发展的学科传统来看，个体的普遍性心理是其长期稳定的研究对象，弗洛伊德等心理学家早期心理服务的对象具有“个人”特性。这与以个体性的心理分析或心理动力学为基础的早期心理咨询与心理治疗是相通的。但是随后客体关系心理学、自我心理学的兴起，尤其伴随社区心理学的强势崛起，都显露出一个共同特点，即个人身处的环境系统被逐步重视并进入研究者的视阈范围。人的心理有其自身发展规律，但在人类命运越来越紧密相连的今天，人受身处的环境（主要是人类活动所造就的环境）影响不容小觑。心理科学的发展势必拓展了心理服务新的维度，换句话说，心理服务的范围不再局限于人的认知、态度、意志、动机、行动等微观的个体心理变量，而是力求将人放置于其生活的真实图式和社会大系统中来解读，由此来增进和改善人的生活质量。

由于心理健康服务在国家政策层面及学术研究层面都进行得更早更成体系，各地民众对其认知度和认可度普遍都较高。而社会心理服务及其体系建设是一个前所未有的新课题，导致当前的社会心理服务及体系建设主要是以心理健康为核心展开，主要围绕着解决心理健康问题而进行。以心理健康为核心内容的社会心理服务到底会有什么不良影响呢？一是影响社会心理服务的社会性和整体性，呈现出局部和个体的偏差。沿袭心理学的学科传统和早期心理咨询与心理治疗多个体取向的长期倾向，以及我国长期在教育和医疗领域对个体心理健康的关注，导致如今社会心理服务的理论与实践常见的切入点是个人。而且相对于社会取向，个人取向的心理健康服务更易操作、效果也更具有标示度。另外，从事社会心理服务的专业人员多为之前在教育或医疗领域从事心理健康工作的人员，以个体取向作为社会心理服务的倾向更符合这些从业人员的能力指向。二是影响社会心理服务积极理性平和的色彩与基调，呈现出消极病态的特点。心理健康的实践模式基于人心理的缺陷和弱点，而忽略个体与生俱来的长处、兴趣及才华。由此导致目前以心理健康为核心内容的社会心理服务对整体社会心态的关注很少，呈现出个人取向多于社会取向的社会心理服务特点，社会心理服务及其体系建设存在根本上的逻辑偏误和实践偏差。

一些试点城市的社会心理服务针对与解决的不是社会心理问题、不是社会心态问题，而是个体或小众层面的心理健康问题；各试点城市在社会心理服务及体系的建设内容、考核评价等方面亦是以心理健康服务为主线进行的。可以这样说，我国绝大部分社会心理服务体系建设的试点城市借“社会心理服务”之名，行“心理健康服务”之实。

2019 年 12 月第九届“心理学与中国发展论坛”提出要变革学科方法论，

使心理学更强有力地回应与满足社会现实需求；纠正社会心理服务工作以心理健康为主的建设路线，转向社会治理重建社会心态这一建设逻辑等。期待未来社会心理服务迎来统一思想之后的发展春天。

（4）研究方法有局限，研究深度不够，缺乏综合性、持续性的深度分析研究

有些心理学家呼吁更多的心理学者要走出实验室去接触社会、去思索社会治理中的心理学问题（傅小兰、蔡华俭，2016；杨玉芳、郭永玉，2017）。这一呼吁是有其历史背景的，主流心理学一向重视客观实证和实验科学，缺乏应用导向和对多元研究方法的包容；主流研究对社会实践的兴趣不高，2017 年之前在实践前沿开展社会心理服务研究的成果乏善可陈；近几年随着学界的努力、政界的助力、学者对社会心理服务进行了广泛的研究，也引起了学界对学术服务社会有了更多的体察与行动。但从已有的研究成果来看，研究深度不够，研究缺少系统性，主要是学者个人或团体的单打独斗，各自为战，缺乏研究的综合性。学界还需要对社会心理服务进行整体把握、深度分析与系统打磨。未来的研究应继续结合心理学、社会学、卫生学、管理学、经济学等学科的理论和方法，以社会实践为核心加强学科间的合作，着力探索科学、有效、可行的社会心理服务研究体系。

社会心理服务是新时期心理学面对的全新命题，刚刚破题，没有可资借鉴的经验教训，因而需要学界齐心协力、持续深入、孜孜以求。

三、市域社会心理服务实践的现状

社会心理服务在我国从政策提出到试点落地，是我国社会心理服务的实践过程，经过早期的 12 城试点到如今的包括北京、天津、上海、重庆的区县，全国范围内共有 71 个试点地区，数量规模有了很大提升，这些先驱城市为我国社会心理服务体系的实践进行了有益的探索。

1. 市域社会心理服务的实践需求

（1）个体需求

近年来，个体因极端心理问题衍化为恶性社会事件的案例已不足为奇，随着我国经济体制改革的日益深入，社会竞争不断加剧，心理应激因素急剧增加，个体在就业谋生、教育医疗、人际交往、家庭关系、身体健康等方面的困扰和需求日益凸显，引发的社会心理和行为问题已屡见不鲜。个体因利益诉求得不到满足或回应而采取非常规手段去闹访、聚众滋事等风波也偶有发生；个体因情绪不理智在网络发表过激或错误言论、恶意煽惑网民情绪事情也时见报端；个体因心态偏差导致故意杀人等恶劣刑事犯罪的现象也时有发生。类似这样的社会矛盾及个体心理问题的浮现，会干扰民众安全、动摇社会和谐，成为社会风险的来源。

笔者曾对社会心理服务体系建设试点江西省赣州市的多个社区进行了调查。根据问卷调查的结果来看：过半数的被调查居民认为，心理咨询师能够帮助他们缓解压力、有效疏导不良情绪；38.34% 的被调查居民表示需要心理服务；66.8% 的被调查居民表示在社区为他们提供心理服务很有必要，设置专门的服务机构很有必要；29.25% 的被调查居民想要获得情绪方面的帮助，27.27% 的被调查居民希望通过心理服务机构获得孩子教育与成长方面的帮助，15.02% 的被调查居民希望获得婚恋情感方面的帮助，9.88% 的被调查居民希望获得社会适应方面的帮助，8.7% 的被调查者希望获得工作压力方面的帮助[1]。

（2）特殊群体需求

所处经济地位和社会层次上有别于普通民众的一些特殊人群以及在行为、心理、生存方式上有别于普通民众的一些特殊人群，他们普遍具有流动性大、社会地位低、经济窘迫、自制力差等特点，比如刑满释放人员、社区矫正对象、社会闲散人员、易肇事肇祸人员、精神病人等，他们在正常的社

[1] 邓荟．社区心理健康服务的实践研究 [D]. 赣州：江西理工大学，2018.

会圈中很难有能力获得稳定的经济收入和相对固定的有助于其提升的社交圈，加上这些群体的高度流动性，极易受到不法人员的诱惑、蒙蔽、裹挟走上歧途，或极易受到他人侵害迫害。如果对此类人群不及时予以特殊关注，会对社会稳定带来很大隐患。对这种特殊群体也只有通过推进社会心理服务（体系），集中做好特殊人群重点人员的心理问题排查工作，实现动态管控，加强心理疏导，给予特殊关爱与心理服务，帮助其快速融入社会，集中化解与满足涉及特殊人群的社会矛盾与实际诉求，最大限度消除他们所带来的社会不稳定因素，减少社会可能留存的不安全、不稳定、不和谐因素。是以社会心理服务及体系建设适逢其会，很有市场，经过科学的心理调节、沟通疏导和积极干预，能疏通排除社会不良情绪，缓解社会矛盾，协调社会关系，促进社会和谐。

与这些情况相对应的是我国社会心理服务供应的巨大缺口，离民众心理变化及社会变迁的实际需求还差距甚远。截至 2015 年末，我国只有 2.77 万名精神医师，5000 余名注册的心理治疗师，有能力进行正规服务的心理咨询人员不足 3 万名。[1] 进入新世纪以来，因社会焦虑、工作压力、家庭变故等问题需要就诊的患者越来越多，人们对心理服务的需求越来越大，社会心理服务已然成为人们温饱之后的刚性需要。但有更多的矛盾和需求隐匿在人们的意识之下，在社会意识和个体意识之下的涌动的暗流更需要社会心理服务的专业发现与科学预防，使其负面影响降到最低程度，最大可能地保证社会稳定及人们生命财产的安全。

2. 市域社会心理服务试点城市经验

（1）赣州经验

赣州居于江西南方，作为江西省第一大地级城市和区域性现代化城市，它连通了赣粤闽湘四个省份。赣州市为落实党的十九大报告中“加强社会心

---

❶ 王君平，刘琛 . 心理健康服务还需抓紧补短板 [N]. 人民日报，2017-12-22.

理服务体系建设”要求，以被列为全国“社会心理服务体系建设”12个联系点为契机，不断提升市域社会心理服务质量水平以及体系建设水平。赣州市卫健委、发改委等14个机构公布了《赣州市开展全国社会心理服务体系建设试点工作方案》，明确到2021年年底，各行各业广泛开展心理健康服务，基本建成预防、治疗、康复和心理健康促进的工作体系和服务网络。最近几年赣州市社会心理服务的进展势头较猛，连续在全国社会心理服务试点工作专家研讨会、首届中国社会心理服务高峰论坛等全国性的研讨会及工作会议上作经验交流，受到与会领导和专家学者的肯定。总结起来，赣州作为社会心理服务的试点城市有以下五方面的工作经验：

一是市委市政府主要领导直接抓统筹，在所有党政政策制定、重大项目推进时注重社会心理的风险评估。体现在顶层设计、经费保障、层层联动等方面。顶层设计上，赣州市社会心理服务工作体现出顶层设计高位推动的特点，市委和市政府把社会心理服务建设融入平安赣州、民生工程建设中，市委中心组学习安排心理健康内容，并发布了《赣州市社会心理健康服务体系建设规划（2017—2020）》共15个社会心理服务的支撑文件；市综治委具体抓规划与发展（后来改由卫健委具体负责），会同卫生、民政、教育等部门成立专门工作机构，制定专项规划。在经费保障方面，赣州市下辖18个县市区，由赣州市、各县（市、区）两级财政保证专项建设经费，市本级划拨建设经费300万元，县（市、区）划拨建设经费不少于50万元，市综治办向赣州市社会心理健康协会（赣州市社会心理服务的平台）注入经费150万元，保证了建设经费落实到位。层层联动上，市综治委牵头抓总，将社会心理服务体系建设任务细分落实到各级有关部门，层层明确工作任务和责任；各级政府相关机构设立了经费台账管理、服务责任分工、工作协调联建及考核促动、奖优罚劣的措施。将社会心理服务列入市综治办、法建办及教育局、卫生局等单位综合治理、平安赣州、法治赣州及精神文明等工作的评定考核指标。全市构筑了社会心理服务体系建设“党政领导、综治牵头、部门联动、社会参与”的一派欣欣向荣的格局。

二是按照“实体、实战、实用、实效”思路，建好协会工作平台，依托综治现有平台，纵深基层网格平台。首要建好协会工作平台，在市、县（区）两级建立社会心理健康服务协会及分会，建立了全市社会心理服务的实体机构，服务的开展有了专业协会的组织与跟进。全面依托综治工作平台，综治工作经过一二十年的发展建设早已遍布各县乡村，每个乡镇村都有综治工作的场所、综治工作人员及综治职责，这种纵深到底的综治平台是社会心理服务要好好依托和利用的通道，通过在市、县、乡、村四级综治平台设立心理咨询室，实现心理服务在市、县、乡、村四级"全覆盖"的良好局面，保证民众心理问题有地诉、有人解。纵深基层网格平台，发挥基层组织和网格员的优势，使社会心理服务的触角纵深至每一个单位、每一个家庭甚至每一位成员。作为赣州市心理健康服务协会挂靠单位赣州市第三人民医院在全省率先设立心理援助服务电话，安排专门人员 24 小时驻守，实时干预心理危机。在社会心理服务元年即 2016 年全年，赣州市市属两家中心城区医院完成了心理咨询与治疗 8608 人次、心理测评 2.97 万人次。团市委、市妇联整合社会资源也开设了心理援助热线电话，为广大妇女、学生及家长进行答疑解惑。县、乡、村综治中心将自己的服务热线公之于众，以备民众不时之需。市心理医学分会还特地在微信设立心理健康服务公众号，集中了心理咨询、共享信息、学习交流等多功能平台[1]。

三是队伍专业化。即面对专业心理人才较为紧缺的现实，该市多点发力整合资源，解决社会心理服务专业力量不足的问题，为社会心理服务工作提供人才支持。队伍专业化体现在壮大基础队伍、新建专门队伍和培育社会队伍三个方面。壮大基础队伍。学校与医院是面对大规模人员的场所，他们的社会心理服务做得质量如何对群众的受益面影响最大，因此在各级各类学校大力引进心理健康教师、各级医院配备心理医生，在招录教师、医生时适当增加心理学专业毕业生比例。新建专门队伍。针对有可能影响社会治安稳定的特殊人群，市、县两级均成立了"心防"专家服务、专门服务和志愿服务

[1] 江西省赣州市"雪亮工程＋社会心理服务"智能化项目 [OL].https：//www.faanw.com/xueliangongcheng/384.html.

共“三支队伍”，每支队伍抽调一人组成一个服务团队对“心防”对象开展点对点服务。培育社会队伍。积极扶持创建规范、专业的心理咨询与心理服务社会机构，创造条件在社会心理服务中锻炼社会力量。

四是服务常态化。即坚持“以人民为中心”的理念，扩大心理健康知识的宣传力度，提高百姓对心理健康的自觉意识以及对心理健康服务的认可。服务常态化主要表现在广泛科普、重点宣教和专项服务三个方面。开展广泛科普，专门下发《关于加强全市心理健康知识宣传普及工作的通知》，通过心理健康知识普及、专家讲解、现场咨询的方式，推动心理健康知识“五进”，即进机关、进学校、进企业、进社区、进乡村。[1]开展重点宣教，每年对政府部门及事业单位开展心理测查，对测查异常人员及特殊时期、特殊岗位的人员，及早介入心理服务，经常约请国内闻名心理学家传授心理知识和咨询技能。2017 年 7 月 19 日，市委中心组专门举行“愉快工作·幸福生活”心理健康讲座，通过视频系统，市县乡 3600 余名领导干部接受心理辅导。开展专项服务，针对群众的不同需求情况，开设单位热线服务、团体专项服务、个案咨询服务等专项心理服务。

五是内容精准化。赣州市对扰乱社会秩序、危害社会安全的人提供“心防”服务，有效防止重点人群、特殊人群由于心理问题引发社会风险，以维护公共治安。对象精准化主要表现在精准筛查识别风险、精准预警防范风险和精准干预消除风险三个方面。精准筛查以识别风险，即选拔心理人员、公安干警、农村干部等人员组队，对刑满出狱和缓刑服刑人员、吸食毒品人员、慢性或重症病人、精神疾患人员、问题青少年及信访重点人员，以及存在一定治安隐忧的人员等七类特别人群，开展心理风险筛选检查，并明确每一类治安特殊人群的责任主体。精准预警以防范风险，即结合心理风险人员的行为表现、思想动态及前期心理风险筛查，做出高、中、低三个等级的社会风险预设，同时做出相应的一级、二级或三级预警应对，再辅以心理咨询

[1] 江西省赣州市“雪亮工程＋社会心理服务”智能化项目 [OL].https：//www.faanw.com/xuelianggongcheng/384.html.

和心理干预。这样的精准预防能有效控制特殊人员可能产生现实危害的风险。精准干预消除风险，即把内心冲突明显、生活失序、心态失常，行为偏离及性格偏激等存在严重心理困惑或危机的个体或群体作为“心防”任务的重中之重，通过心理疏导和积极干预，配以追踪帮扶，以降低和移除社会风险。至此，通过筛查识别与心理干预相结合、风险预防与预警应对相结合、解决心理困惑与解决现实困境相结合，较好地化解了重点人员可能招致的社会风险。

赣州的社会心理服务在充分调动各职能部门、各人员力量，高效利用信息化手段，认真做好心理问题高危人群等工作，有效防范和减少了社会风险因素，社会心理服务外部环境在不断优化，同时又反过来助推了社会心理服务内在效果的显现。

（2）茅箭经验

茅箭区隶属于湖北省十堰市，是我国最大的汽车零配件的生产与销售中心。2016年5月，茅箭区获批为全国社会心理服务体系建设的第一批联系点，经过几年的探索实践，形成了以下经验。

抓基础与基层，建立网格化全覆盖服务平台。茅箭区的社会心理服务实现了区、乡镇、社区（村）和重点领域全覆盖及“两个中心（即综合治理中心与社会心理服务中心）”共同作战，所有社区均建有社会心理服务站或社会心理服务点，在公安、教育、监狱等重点行业开展了长期的心理咨询服务，构建了以综治中心为平台，以区社会心理服务为网格主线，以社区心理服务站为网格结点，以机关事业单位心理咨询室为网格触须的纵深到底、横陈到边的全覆盖网格模式，摸索出一套上下联动的各级心理服务的建设标准和运作体系。

抓关键，打造专业化稳定性服务队伍。茅箭区打造了以专业协会为支柱、以专业人员为中坚、以社工为辅助的稳定的社会心理服务团队。一是成立心理健康专家协会。利用驻市高校和医院的专业优势及稳定资源，成立了市级心理健康专家协会，负责对全区社会心理服务进行规划与指导。二是引进及培训专业人员。一方面“引进来”，即吸纳具有心理学、社会学专业背景人员，将他们配备到教育系统、公、检、法、信访等部门，以及乡镇、社区（村）等最基层以开展社会心理服务工作；另一方面是“走出去”，即选送、鼓励政法民警、社区干部、网格员参加社会心理服务专项培训，启动各级各类学校教师“心理咨询师培育项目”，为全区社会心理服务的启动与运行提供人力支持。三是组建心理服务志愿者团队。鼓励对心理学有兴趣或有心理学知识背景的社工、大学生组建心理服务志愿者队伍，弥补专业心理服务人员的不足，也能扩大社会心理服务在基层的触及率及影响力。

抓重点，开展形式多样的心理服务。一是做好宣传教育工作。利用各种传统媒介或现代媒介向大众宣传心理健康常识，并配合综治视联网、热线电话、网络群等提供具体可及的服务，区社会心理服务中心定期安排为党政机关、政法机关、学校以及企业的工作人员开展团体辅导活动、建立居民家庭心理健康档案。二是抓好特殊群体服务。把刑释人员、缓刑人员、吸毒人员、儿童青少年、老人、精神分裂症、长期信访人员等当作重点服务对象，强化危险评估和矛盾化解工作，防范好源头。三是多样的心理服务渗透方式。把心理服务引进信访工作，通过科学编制测评量表绘制信访人员心理状态图。量表把信访人员的心理状态划分为10个指标，符合的指标越多说明心理问题程度越重，根据满足指标的多少把信访人员纳入不同的心理服务形式，如满足3个以下指标的信访人员归入一般综治管理范围，满足3—5个指标的信访人员由社会心理服务人员对其进行专门疏导，满足5个以上指标的信访人员要及时开展专业干预及稳控办法。把心理服务引进精准扶贫工作，摸清群众生产生活的真实愿望、现实状况及心理困惑，通过现实问题与心理问题相结合的解决方式，群众在获得感中提升了自身的心理素质。[1]

抓联动合作，建立程序化工作流程。茅箭区依靠各级综合治理平台，实行“排查—筛选—干预”的服务程序，完善了工作的标准化与规范化。一是全员排查，综治干部和社区网格员经常对民众心理风险进行科学查测及时评估预警，适时了解社会总体情绪、民众不良心态，开展精准的心理防控干预

[1] 赵洪福．社会心理服务体系建设的探索与实践 [N]. 十堰日报，2017-9-21.

工作。该区社会心理服务中心就个人基本信息、家境情况、成员关系、日常行为等栏目编制了民众社会心理服务状况调查问卷，分门别类建立居民心理档案，并及时录入综治信息管理系统，实现数据资料共享。二是定期筛查，茅箭区综治中心长期安排心理人员、综治干部、公安干警、信访干部等人员联合进行民众心态的动态测查与科学筛选，通过调查研究分析撰写《社会心态研判报告》，区社会心理服务中心凭借《报告》明确社会心理服务的关键人群和重点领域。三是联动合作，茅箭区社会心理服务中心在解决社会冲突与民众矛盾时，并不局限于心理咨询，而是综合政策、法律、道德、心理等多条路径调和社会矛盾，调节社会心态，完善多方联动合作的服务体系。

抓创新，创立市场化运作机制。茅箭区确立了“政府 + 市场”的社会心理服务体系建设运行制度。一是加大政府人员、精力及经费投入，成立了高级别的工作领导核心，把心理服务归入综治工作。每年保证财政预算，并准备了精神重疾的专项医治与援助基金。企事业单位的心理服务机构每年通过考评后以奖励方式给予经费补偿。二是创新市场化运行机制。由政府购买专家心理服务并进行考核：每年把社会心理服务中心的工作打包给心理专家协会，并给足工作经费，根据其工作开展情况及取得成绩由区综治办进行考核与奖惩。购买有利于提升服务效果的培训讲座、项目研究、咨询团辅等心理服务。与具备人才优势的高校、医院等协作，携手进行社会心理服务。

（3）西平经验

西平县隶属河南省驻马店市，2016 年 5 月，确定为首批全国社会心理服务体系建设试点单位。该县经过不断努力摸索出一条很有特色的社会心理服务体系建设新途径。

一是高层重视，提升站位。河南省委将社会心理服务试点工作作为全省“十三五”期间 72 项重要改革之一，并为此进行了具体部署。经过上级部门指导部署和全力支持，西平县不断提升认识高度，形成创新思维，用心理疏导、心理干预来解决社会问题并作为社会治理“以人为本”理念的彰显。形成“党委领导、政府主导、综治牵头、社会协同、公众参与”的社会心理服务体系建设指导思想，寻找到“创新思想、突破重点，夯实基础、保障长效，构建多层次立体化社会心理服务体系”的工作思路。

二是强化各类保障。首先，强化组织保障。成立了社会心理服务工作领导小组，由县委书记亲任组长，下设由县委常委任组长的 6 个专业工作组，为社会心理服务提供了有力的组织保障。县直属单位及乡镇均相应成立由领导领衔的社会心理服务组织机构，形成了逐层推进、逐层落实的工作机制。其次，强化资金保障。为保证社会心理服务的顺利有效开展，全县每年都留有预算拨款。再次，强化人员保障。编制《西平县社会心理服务工作人员培训方案》，举办理论、实操、资格等培训活动，共计培训了 1 万多人。大力支持成立社会专业组织、个人工作室，招募心理服务志愿者，初步建成了一支专业高素质的心理服务工作者队伍。最后，强化机制保障。建立健全工作机制，在分析研判、联席调度、预防干预、源头疏通、考评奖罚等方面助推心理服务专业化、常态化、规范化、制度化。

三是探索新方法。首先，创新载体。创新了“六进、六服务”作为工作抓手，“六进”即社会心理服务“进机关”“进社区”“进学校”“进医院”“进企业”“进监所”，“六服务”即“热线服务”“团体服务”“个体服务”“指定服务”“购买服务”“特定服务”六类社会心理服务形式，成功消除了很多社会矛盾，实现了特殊人群“早发现、精服务、固维稳”的效果。其次，规范运作。社会心理服务是一项专业性很强的工作，其中规范和科学又是要特别关注的，由于参与该项工作的人员来自不同专业背景及各条战线，涵盖了治安、妇联、残联、医生、教师、公务人员等，专业背景不一、工作理念不同，但在社会心理服务的工作流程和工作方法上一定要讲究科学与规范。再次，化解社会矛盾与解决现实问题相结合。通过实践，探索总结出化解矛盾的三字经“接（接纳、接访）、解（解惑、解决）、结（结对、结心）”、和四步工作法（重心理预防、明心理需要、用心理技术、予心理平衡），收到了明显社会效果。最后，注重科研支撑。在专家学者的专业指导下，将重点人群筛查、疏导、干预等工作内容转换成科研项目，进行招标，开展系统的学术研究。项目之一的科研成果——心理测评系统已投入使用，其中“他评预警”的研发属于国内首创，该系统的启用标志着西平县的社会心理服务迈上了新台阶，进入信息化、智能化的新阶段与新模式。

四是取得新成效。首先，维护了治安稳定。经过社会心理服务，强化了人们的健康心态意识，有效避免了极端案（事）件的发生。其次，化解了大量矛盾。针对不同人群特点和需求，因症施治、因人施策，心理服务介入人们的结婚、生育、离婚、养老等环节，利于构建和谐婚姻家庭关系；注重民众的精神追求，加大文化设施建设，长期开展“幸福家庭”“好公婆”“好儿媳”“好丈夫”评比，构建和谐美好的人际环境。最后，提振了干部精神面貌。组织专家教授、志愿者走进机关，用科学的工作方法与管理理念为机关干部职工减压，提振了干部的精气神，提高了工作效率。

我国社会心理服务实践起步较晚，自 2018 年党的十九大会议召开以来，在政府推动和社会各界人士的广泛参与下，我国学术界对社会心理服务展开了大量的理论研究和实践路径探索，社会心理服务实践得到迅速发展；同时各试点城市因地制宜做出了有益的摸索并取得了不少成绩，为社会心理服务的实践发展取得了开创性的成果。但总体来说仍然不够，我国的社会心理服务体系建设还处在研究和探索阶段，呈现出一些优点和不足，需要在今后的社会心理服务理论研究与实践运行中需要特别加以关注。

3. 市域社会心理服务实践的特点

（1）市域社会心理服务实践的优点

第一，党政牵头、政策支持、资金保障，“试点”城市成果显著。

自 2015 年，在党的十八届五中全会提出“加强和创新社会治理，健全社会心理服务体系和疏导机制、危机干预机制”[1] 以来，“社会心理服务”这个词汇第一次在国家级的政府文件中出现，凭借“社会治理”的国家战略高度，社会心理服务体系建设也列入国家顶层设计的内容，成为摆在全社会面

[1] 中共十八届五中全会公报（全文）[OL]http：//www.beijingreview.com.cn/special/2015/ssw/201511/t20151102_800041719.html.

前的时代性课题。2016年，中央政法委员会和中央综合治理委员会联合发布了《关于充分发挥综治中心作用，加强社会心理服务疏导和危机干预工作的若干意见》的通知，在这个通知中正式开启了全国范围内12个“社会心理服务体系建设工作联系点”的序幕，联系点包括了江西省赣州市、湖北省茅箭区、河南省西平县、福建省厦门市等在内的全国12个试点城市。

各联系点所在的省市政府格外重视，积极指导并部署社会心理服务建设。成立了社会心理服务体系建设领导小组，市委主要领导亲自抓；成立的工作机构揽括了政法委、卫健委、教育局、公检法司、民政局、妇联等多家单位，各部门协同，在各自的工作领域中积极配合社会心理服务建设工作。到2016年年底各联系点的市、区、县多以政法委综治办牵头，协同其他各部门举办了社会心理服务体系建设的推进会，制定专项规划，安排专项工作经费，基本实行了党政领导、综治牵头、部门联动、社会参与的社会心理服务工作模式。联系点各下属县市区均以此为契机，积极开展各类心理服务和主动完善相关服务的工作机制，推动社会心理服务体系建设工作顺利开展。如：上海长宁区成立以区综治办、卫计委等16个部门为成员单位的领导小组，由区委、区政府分管领导担任组长职务；在各街镇建立工作小组，由分管综治工作和分管民政工作的领导共同担任工作小组组长职责，把社会心理服务归入政府部门职责范畴，列入综合治理工作考评项目。2017年1月在湖南省第12届政协会议中，“构建湖南省社会心理服务体系的建设”成为政协正式提案及会议的重要讨论内容。2017年8月在河南省召开的社会心理服务体系建设会议上，政法委、综治办，卫计委、教育局和人社局等多个部门参加并积极参与交流讨论，探索通过社会心理服务为创建“平安建设”贡献新路子。

经过近几年的探索，各试点城市因地制宜，发挥各自的特长，在社会心理服务体系建设方面获得了一些可推广的经验。在本章“市域社会心理服务试点城市经验”中介绍了三个试点城市的经验，可以感受到他们发挥各自的优势，工作呈现出了自己的特色，也取得了实际成效，如赣州的“雪亮工程”和“心防工程”与社会心理服务相结合，西平的“5354”工作机制，茅箭的社会心理服务与精准扶贫相结合，犯罪率和重新犯罪率下降，自杀率下降，严重精神障碍患病率下降等，无论是社会心理服务的运行，还是保障与考评，这些试点地区依托政府主导在多方面发力，助力于心防、社区矫正及精准扶贫等工作，为打造人心安宁、社会安详的一方水土取得了较好的成绩。

第二，强调综治中心的平台作用，网格化管理的托底作用，人才队伍的核心作用。

根据池莉萍、辛自强的调查，“在首批批准的 12 个试点地区中有 11 个由综治办作为此项工作的主管部门”[1]。有些地区除了明确综治办为牵头部门外，还特别提出主管或主办部门，如杭州市拱墅区以“卫计为主”，石家庄市以“教育主办”。政法委和综治办由于它的机构地位，经年的积累，其工作开展的纵深程度较好，各乡镇、社区均有综治办的专门场所、专属人员和工作内容，因此政法委和综治办牵头的社会心理服务工作，体现出行政执行力更强、行政保障力更强、工作的动力也更强的特点。

12 个试点城市中有 7 个建立了市、县、乡三级社会心理服务网络，甚至有的试点地区还建立了市、县、乡、村四级社会心理服务网络，再加上每一层级横向的网络联结，形成了一张大大的网格体系，不留遗漏实现网络全覆盖；普遍建立了心理咨询室、心理测验室、情绪宣泄室、放松催眠室、团辅活动室等功能各异的区域；充分发挥社会心理服务网格中各职能部门、社区网格员、心理咨询师的作用，有效防范和减少了社会风险，确保网格化的“托底”作用。有 2 个地区根据自身实际情况量身打造了服务平台与网格的建设标准，3 个地区将各级服务网络建设工作纳入上一级的部门考核系统，以督促社会心理服务工作的落实。

各试点城市的社会心理服务在实际运作过程中，还相当重视现代信息技术的“支撑”作用，建设“网络 +”的工作模式。如：利用信息化手段，认

[1] 池莉萍，辛自强 . 社会心理服务体系建设的应然与实然：基于全国 12 个试点地区的评估 [J]. 心理科学，2019，42（4）：978-987.

真做好心理问题高危人群发现、服务、动态预警和危机干预等工作；善用综治联网设备开展社会心理服务的远程咨询、云培训讲座、专家线上指导等；开通心理救援热线，为有需求人群提供线上心理服务；开设心理服务微信公众号，提供心理资讯、云上咨询、信息共享、相互学习、心得交流的平台，很好地实现了现代信息技术的“支撑”作用。

社会心理服务的开展和体系建设必须具备多学科专业背景的人才队伍，如心理学、社会学、管理学、社会工作等，因此大多试点城市都着手组建了至少三支服务队伍：专职队伍、兼职队伍及志愿者队伍。这其中并非全是专业人员，每一只队伍里还有不少其他社会力量。但专、兼职队伍中的心理专业人员在社会心理服务中起着核心作用，他们由各级各类学校的心理学专家、教师、医疗卫生部门的心理治疗精神科神经内科医生、拥有心理咨询师证书的社会人员组成，他们是社会心理服务的专业力量，是各地不可或缺的服务主力与核心。他们往往通过协会或专家团队的平台，以政府购买服务的形式进入社会心理服务中，实现“专业的事情交给专业的人去做”的工作理念。

第三，强调“及时预警、分类疏导、主动干预”机制。

无论是预警、疏导还是干预，主要是针对重点或特殊人群，这些人群包括：精神障碍患者、心理疾病人员、社区矫正或服刑人员、吸毒和戒毒人员、信访重点人群、就业困难人员、流浪人员、农民工、留守人员、空巢老人和残缺家庭。社会心理服务作为维稳促安全的重要举措，所有试点地区都在建设之初预设了预警、疏导和干预的内容，并设立了相应的机制。特别是为了社会心理服务（体系）能起到点面结合、纵深推进的作用，各地还能根据本地区特点，确定重点服务人群及突发事件的及时预警工作。比如有试点城市提出建设五大重点项目：社区老年痴呆和抑郁心理关爱项目、楼宇白领心理服务项目、中小学心理健康项目、特殊人群阳光心理项目、严重精神障碍患者服务管理项目；有的城市进行筛查分类疏导、应急主动干预；有的城市着重做好心理高危人群发现、评估、预警、干预、服务等工作。

第四，政界与学界对接，加强专家的指导和人员培训工作。

在社会心理服务领域，政界主动对接学界，学界加强服务政界已然成为一道亮丽的风景。2017 年 8 月在举行的第八届中原心理咨询专家大会中，国家第一批联系点之一的驻马店市社会心理服务的牵头单位综治办积极参加了此次心理学界的会议，并汇报了该市社会心理服务体系建设的探索，介绍了该市社会心理服务建设情况。2017 年 12 月 27 日由国家卫生计生委疾控局等政府部门牵头举办了“全国社会心理服务体系建设试点工作专家研讨会”，2018 年中国科学院心理所组织了“社会心理服务体系建设研讨会”，2019 年 4 月的第五届全国心理服务机构发展模式高峰论坛，2019 年 11 月 16 日云南省社会心理学会及临沧市全国社会心理服务体系建设联系点共同承办了“民族心理与民族地区社会心理服务”论坛，2020 年 11 月 18 日赣州市卫健委与赣州市委政法牵头举办了中国心理服务高峰论坛，如此等等，无一不体现了政界主动联系学界、尊重学界的专业智慧、利用学界的智力优势为社会治理出谋划策，使政府和社会在心理服务的体系建设实践中遵循科学规律少走弯路。关于政界联合学界的具体事例在本章“市域社会心理服务的学术现状”的“学术活动”内容中已有系统的呈现，在此不再赘述。

作为一种新兴事物，社会心理服务的绝大多数试点地区都缺乏专业人员，为提升社会心理服务的专业性，许多试点地区发挥专家力量对社会心理服务的工作人员进行专业培训，以补齐专业队伍的短板。关于加强专家指导与人员培训的内容在本章“市域社会心理服务的学术现状”的“培训活动”中已有具体的梳理，请读者参读相关章节。其实无论是参与社会心理服务的政法委、综治办等机关领导及公务人员，还是参与到一线服务工作的精神科医生、心理咨询师、社会工作者，抑或是热心投身于此的志愿者，都需要充分了解社会心理服务的含义、定位、原则、工作内容、工作方法等，系统学习社会心理服务的相关理论知识和技能，只有这样才能将这项工作真正落到实处。

（2）市域社会心理服务实践的不足

以上成绩的取得来之不易，各试点城市的相关部门及工作人员付出了艰辛的劳动和创造性的工作。但由于社会心理服务是新生事物，国家首批确立 12 个试点城市也是为了各地摸索出一些经验，少走弯路，以实现逐渐推广。因此社会心理服务的实践也就不可避免地存在着一些缺陷与不足，当然，也因为这些缺陷与不足，使得我们可以站在这些经验之上，更好地思索社会心理服务的建设工作。

第一，对社会心理服务的认识不足。

经过文献检索及对部分试点城市的走访调查，发现政府部门或工作人员及社会民众存在对社会心理服务的认识不足的问题。首先表现在有些政府部门对社会心理服务的重视不够。近年来，虽然在政策层面上有较好的支持，国家及地方政府陆续出台了不少支持社会心理服务的政策措施，但是现实中依然存在对社会心理服务建设重要性的认识问题。造成这种现象的原因有很多，一是对地方政府而言，经济发展是关系民生的第一要务，社会心理服务的发展必居其后。在政府起主导作用的社会治理体系中，没有政府层面的足够重视与大力投入，社会心理服务体系建设就难以获得应有的重视与推进。二是即使在社会心理服务的试点城市，也存在对社会心理服务的理解过于表面化，在具体实践中有蜻蜓点水式的“走过场”现象，没能在对其本质和价值进行深刻理解的前提下落实社会心理服务的实践的问题。三是对市域社会心理服务起主导功能的地方政府人员并非科班专业出身，普遍存在着心理学、社会学、管理学等专业知识缺乏，尤其缺乏现代化理念与社会心理服务体系建设的宏观建构能力，相关工作人员也缺乏进行社会心理服务的方法技能，极易在工作规划与具体落实的过程中偏离社会心理服务的本真，窄化或浅化社会心理服务的本质。

社会心理服务工作涉及的有关人员对它的认知不足。社会心理服务的有关人员包括以下三类：第一类是心理学或社会学的专业人士，但这类人员大多有自己的本职工作，兼职从事社会心理服务的时间和精力有限。第二类是从事社会心理服务的行政事务工作人员，由于各地负责社会心理服务工作的部门并不是独立的办事机构，没有专门的人事编制，这些工作人员同时也是相关政府部门的工作人员，如综治办、卫健委的工作人员，他们对专业不了解，或对新分配的工作任务缺乏认同感，对工作存在不积极、不开拓、不耐烦、不深入等服务不到位的情况，从而直接影响社会心理服务的质量。第三类是热心社会心理服务的志愿者，这类人群中有相当成员对社会心理服务缺乏应有的认知度，仅凭借一腔热情很难办好这类专业性强的事情。

广大基层群众对社会心理服务的认知缺乏。虽然我国的市域社会心理服务工作自 2016 年以来在一些联系点如火如荼地铺陈开，但由于试点城市覆盖面小，该工作专业特点较浓厚，不少试点地区的工作大多针对重点人群和特殊人群，导致广大基层群众对社会心理服务的认识仍然不到位，错误地认为它是服务那些有精神问题的人群。误将心理问题等同于精神病，认为心理咨询就是窥探隐私、心理辅导就是聊聊天，认为心理咨询是无用的。由于中国人的民族特征，决定了人们保守、内敛的社会性格，使得不少民众不知道或没能力面对自己或家人的心理问题，甚至认为这是羞于启齿的不堪事情，用封闭、压制的态度对待心理问题的产生，这种心理制约着人们的认知及康复，进而引发或引爆一些社会问题。

“女孩囚禁事件”“2016 北大高才生弑母事件”“2019 香港暴徒事件”等众多事件都说明了民众对心理问题认知度有限的普遍社会现象。可喜的是，随着各级各类学校心理健康教育的普及以及综合医院心理科与心理门诊的开设，再加上心理健康知识进社区的宣传与普及，越来越多的民众逐渐接受心理健康观念，开始正确认识心理咨询、心理治疗的必要性，开始正视心理健康问题，并积极主动寻求专业的心理帮助。尤其是青年人对此表现出更大的心理宽容度和心理接受度。

第二，服务性质偏医疗，倾向解决现实问题。

试点城市社会心理服务的主管或平台主要倚仗医院或卫生部门，导致这些城市的社会心理服务实践与学界对社会心理服务的学术研究一样，存在偏心理健康及心理治疗的“缺陷模式”倾向。这种偏向可能是出于认知、成效的考量，也可能是习惯使然的下意识行为。因为在我国心理健康教育与咨询工作起步比较早，如我国心理健康工作开展最系统、最有规模、最有成效的当数各级各类学校的心理健康教育，教育系统的这项工作有较长期的工作基础、较广泛的社会认同、较系统的工作内容；再加上心理健康工作面向少数群体或个体受众、学生在校时间长、学生可塑性强等特点，学校的心理健康教育及咨询工作的成绩可以较好地显现。总之不管是出于认识上的偏差还是业绩显示度的考虑，各地的社会心理服务在实践中均自然地偏向“心理健康”，寻找到“心理健康”这个平台和依托，心理健康工作也就最易成为各地社会心理服务工作的最好发力点。从前述三个社会心理服务试点城市的经验中，可明显看到这三个城市的社会心理服务均集中在心理健康服务的领域。比如，江西省赣州市的社会心理服务由综治办牵头，但业务主管单位是赣州市第三人民医院，业务平台即“赣州市社会心理健康服务协会”也挂靠赣州市第三人民医院，工作的主体人员是各医院的医务人员，开展的服务工作也比较多地集中在心理健康咨询和精神疾病治疗领域，体现出市域社会心理服务的“缺陷模式”。有些城市在医院的精神科或卫生部门加增了心理诊疗室，或者在社区、一定规模的公司设置心理咨询室，不管是诊疗室还是咨询室，面向的对象局限于已经出现心理疾病并主动寻求帮助和治疗的特殊人群，针对的是精神分裂症、心理疾病、心理不健康等问题。这种服务模式必然导致社会心理服务的服务对象不广、服务面向个别人群或少数群体，难以实现面向全社会、全体公民及全程服务的“社会性”本质特征。

本书第一章概念辨析中多次提到，社会心理服务与心理健康服务是两个不同的概念和两种不同的实践，社会心理服务不能仅看作为出现心理问题的人群提供的服务（关于社会心理服务的定位与服务内容，将在本书第四章中进行论述）。但很多试点地区在社会心理服务的实践过程中，偏颇地把社会心理服务与心理健康服务两者等同起来，这将大幅缩小社会心理服务的领域、缩减社会心理服务的功能，难以达到社会心态“理性平和”及提升民众福祉的建设目标。

多地社会心理服务的试点城市较着力于解决存在的一些现实问题。大多试点地区的社会心理服务由综治牵头就已然决定了社会心理服务重在“治”，而非“防”。一些试点城市的典型做法中，较多进行社会心理服务与“心防”工作结合、与社区矫正结合、与“上访”工作结合，解决社会的“老、大、难”问题、解决突发群体性事件。犯罪率、自杀率、上访率、报警率的下降，说明在这方面社会心理服务工作确实取得了不错的业绩，但这不应成为社会心理服务工作内容或考核内容的全部，社会心理服务体系的发展不应该只在“维稳”

的范畴下，不能仅看到它的防控社会风险的功能。社会心理服务是一个系统工程，它的建设是一个长期工程，如果不注重社会心理服务的预防和预警功能、不重视培育积极健康的社会心态和心理素质，而是在问题出现之后才采取应对行动，社会心理服务工作就成了“救火”，社会心理服务人员就成了“救火队长”，这种做法只在解决社会现实问题而远非社会心理服务的应然。

第三，社会心理服务发展不平衡。

这种不平衡首先表现在市域发展不平衡。到目前，全国范围已有 70 多个城市开展了社会心理服务体系建设的试点，但由于各试点城市存在不同的地域特点，社会对心理服务的需求各异，特别是各试点城市对社会心理服务的理解定位不同会直接影响到该项工作的责任主体与组织架构、工作模式与工作重心、平台配置与效果评估、队伍建设与服务对象等工作的体制机制，再加上试点城市的高校密集程度不同，造成社会心理服务在事实上的差异明显。有的市域领导重视、有高校人才优势、各种条件保障、积极参加论坛、无缝对接学界，总结出不少社会心理服务及其体系建设的经验，有不少具有很强的推广价值，给其他市域社会心理服务提供了很好的支持；但也有些市域的社会心理服务工作流于平常与平凡，实践成效不佳、经验总结不够。

其次，城乡发展不平衡。社会心理服务作为一种公共服务（将在第四章具体论述）需要国家与社会的大力支持才得以为继。城乡经济发展的差异导致城乡的社会心理服务水平各异。以笔者所在城市赣州市为例，赣州市社会心理健康服务协会作为工作平台，举办了不少大型的公益心理服务活动，在各大高校、中小学不仅设立了心理咨询室，而且通过开设心理课程深化心理教育，医院有心理科门诊能对接心理疾病的治疗。但相比起市区，该市的县乡镇所拥有的心理服务人才、开设的心理服务项目、开展的心理服务活动就寥寥无几、境遇大相径庭。

再次，市域的不同系统或单位发展不平衡。从社会心理服务的政策沿革中我们可以看到，教育系统的心理服务是产生最早也最成体系的。以全国联系点赣州市为例，各级各类学校都设有心理健康教育中心或心理咨询室，有专、兼职人员，开设有心理健康课程，进行学生的心理健康普查。特别是市高校及高职院校对学生的心理健康教育卓有成效，也解决或防范了一些心理问题。除此之外，公务系统也较为重视心理健康问题，不少公务单位为公务员们购买了心理服务。相比而言，大多企事业单位特别是小规模私企由于各种原因对员工的心理健康更为忽略。

第四，制度不健全。

没有规矩不成方圆。制度规范是一个事物顺利发展的保障，良好的体制机制能为社会心理服务的开展保驾护航。新的历史条件下，社会心理服务孕育而生，在它发展的这 6 年多时间里，各试点城市已收获了不少有用经验，同时也暴露出一些问题，其中制度不健全、体制机制问题应是影响全局、最不可回避的问题：

首先，牵头部门不一，社会心理服务的主体责任不明确。试点城市的社会心理服务工作领导部门、牵头部门或主力部门呈现出不一致的特点。虽然根据池莉萍、辛自强的调查[1]，"全国首批 12 个试点城市有 11 个城市的社会心理服务是由政法委、综治办作为主管或负责部门"，但"有些试点城市由综治办负责外，同时提出'卫健为主'或'教育主办'"。还有的城市开始以政法委综治办牵头，后来又让位于卫健委或教育局，其中较典型的有赣州市。在 2019 年之前赣州市一直是政法委牵头社会心理服务工作，依托各级综治办平台工作纵深效果较好，服务开展得有声有色；2019 年之后赣州市的社会心理服务工作改由卫健委牵头，从目前来看，工作动力及工作势头有下降趋势。牵头部门的不同折射出试点城市对社会心理服务及体系建设内容和建设重点的理解各不一样，也影响了社会心理服务的开展难度、深入程度及资源保障条件。

其次，运行机制、保障机制、评价机制等过程机制不健全。在社会心理服务的实际运作过程中，由于各试点城市的责任主体不同、价值意识各异、工作方法有别，导致联系点的社会心理服务运行依托单位各不相同、软硬件建设程度各不相同、人员专业资质的要求也不一样、专项经费保障的力度不

[1] 池莉萍，辛自强 . 社会心理服务体系建设的应然与实然：基于全国 12 个试点地区的评估 [J]. 心理科学，2019，42（4）：978-987.

一、建设效果的评估指标各有千秋。但总体来说，社会心理服务作为新的历史条件下的新生事物，我国对它的探索才刚刚开始，运行机制、保障机制、评价机制等都还不健全，还有很多值得不断提升和完善的空间。

第五，社会心理服务效果还不如人意。

随着经济和科技的进一步发展，人们的生活与交往方式发生了根本性的改变，社会心态也随之发生转变；按照国际社会的认定标准，我国从 2008 年起已处在社会风险频发时期，社会公共性事件呈现出一些新的特征，表现为易煽动、易传播、易扩大。网络攻击与网络谣言、仇富心态与炫富心态、2020 年新年伊始新冠肺炎病毒暴发时的恐慌、常态防控下行动受限的不良心态等，在这些社会问题的预防与处理中，需要社会心理服务及时地干预和调控，社会心理服务显得尤其必要和紧迫。例如：我国新冠肺炎病毒暴发初期在社会中曾出现过一小段时间的恐慌，好在国家、专业机构及专家学者反应及时，特别是华中师范大学心理学院专家们及时应对、挺身而出，在全国范围内招募心理同仁进行心理疏导，在这种及时有效的组织下较好地抑制了疫情下社会恐慌情绪的蔓延。

2021 年全社会“奔小康”已取得胜利，人们在全国范围内摆脱了贫困的束缚，“两不愁三保障”是精准扶贫的目标，人人都能吃饱吃好，人人都有衣穿房住，基本的物质需求已得到满足。仓廪实而知礼节，衣食足而知荣辱，民众也因此有了更高的精神追求。人们精神追求的提升与社会满足条件的有限之间的矛盾将滋生更多更复杂的心理问题，并因此可能孕育甚至引发不少重大事件，如前面提及的北大学生弑母、杭州保姆纵火等，为全面提升社会成员的心理素质和良好的社会心态，社会心理服务的功能不可或缺并大有可为。

试点城市部分单位的社会心理服务设施存在空置浪费现象。试点城市得益于国家政策及地方政府的大力支持，在不少单位、社区及公共场所专门设立了社会心理服务区域、购置了相关设备，但有些并未能充分服务于民众。特别在大型的基层社区都开辟了心理测量室、心理咨询室、沙盘室、宣泄室等，设施齐全但使用率很低。笔者所调研的一所学校，2018 年为建设成为区示范单位，花费 30 多万元建立了功能比较齐全的社会心理服务各功能区，主要针对学生和教师开展免费的心理辅导，并应用微信、报纸、广播电视等媒介对其进行广泛的宣传报道，前期铺垫做的够足，但在后续的实际使用中并不如愿，两年多来，进入心理咨询室的学生很少、老师更少，由于人员培训不足，沙盘、电脑测试等专业性强的工具更是从来没有使用过。

从前述试点城市的经验描述中我们可以看到，不管是出于社会治理还是民众对美好生活的追求，可以预见心理服务的需求量将越来越大，社会心理服务于地方有很大的需求空间。但碍于社会各界对社会心理服务及其体系建设的认识有限、定位不准，特别是主导社会心理服务发展的政界对此的认识水平将决定着其发展的高度与深度。接下来，本书将从社会心理服务的应然意蕴的论述中来端正或加深人们对社会心理服务的理解，虽然学界对此还存在不少争论，但本书力求在争论中还原一些真相，为社会心理服务走上康庄发展之路做出一点贡献。

第四章
市域社会心理服务的应然意涵

一、社会心理服务的定位

社会心理服务的定位是社会心理服务工作全面开展及取得成效的重要因素，定位偏颇会使效果窄化甚至异化。目前来看学界对社会心理服务的定位确实存在不少差异，最主要表现在社会心理服务与社会治理、与心理健康服务、与公共心理服务等概念的理解上，由于人们的认识不同而形成了五种不同的观点。有些观点笔者在第一章中“社会心理服务与心理健康服务”一节的概念辨析及第二章“社会心理服务与社会治理”中已有涉及，在此只做概要的说明，不重复论述。

第一种观点，从社会治理语境下界定社会心理服务，认为社会心理服务归属于社会治理体系。

有学者尝试从社会治理角度来定位社会心理服务。认为社会心理服务归属于社会治理体系，是现代社会治理体系不可或缺的内容，是心理学在社会治理中的独特应用；社会心理服务是心理学应用与社会治理的双向契合[1]，

---

[1] 祝卓宏.从政策语境视角试析社会心理服务体系建设的功能定位[J].心理学通讯，2019（1）：11-16.

能实现社会治理精细化、提升社会治理水平。

近几年，社会心理服务体系建设频频出现于国家政策文件中，得到了国家和相关部门的重视，是近些年来国家治理体系走向现代化的创新手段之一。社会治理过程中所内生的心理学问题需要依赖心理学的理论和技术才能得以有效解决，因此从社会治理的视角去定位社会心理服务，可以有效促进社会治理从“硬治理”向“软治理”的转变，并走向“善治理”。在国家建设“和谐中国”“幸福中国”，实现百年中国梦的征程中，综合运用心理学的科学知识，是增强个人幸福感、提升社会治理的水平、促进国家治理现代化的必然选择。

第二种观点，从公共服务语境下界定社会心理服务，认为社会心理服务体系就是公共心理服务体系。主要囊括心理健康服务、社会心态培育及共同体的认同建构等三方面内容。它们的功能体现在防治心理疾病、增进民众的心理健康；造就自尊自信、理性平和、积极向上的良好社会心态，塑造民众的文化认同和人类命运共同体认同。[1]

南开大学管理学院学者吕小康提出社会心理服务体系应该纳入公共心理服务体系的范畴，“把社会心理服务体系（System of social psychological services）称为公共心理服务体系（system of public psychological services），并把公共心理服务体系纳入公共服务体系的范畴，作为公共服务体系建设的一部分，并取得像公共卫生服务一样的基础性、战略性的地位”。[2]如果这一论述能实现，将大大促进社会心理服务在全社会特别是基层的实践，它将成为一个为人民谋幸福，为社会促和谐的重大民生项目。认为社会心理服务的定位必须牢牢抓住这一词汇的出处，即“加强和创新社会治理”这个点来进行理解，要从社会心理与社会治理的协同视角来定位社会心理服务，因此社

---

❶ 祝卓宏 . 关于社会心理服务体系建设功能定位的不同观点 [J]. 心理与健康，2019（9）：18-20.

❷ 吕小康，汪新建 . 从“社会心理服务体系”到“公共心理服务体系”[J]. 心理技术与应用，2018（10）：582-582.

会心理服务应成为消解那些有碍社会治理的负性社会心态和建构那些有利社会治理的良性社会心态的一种新型公共服务。社会心理服务本质上是一种公共服务，政府应该负起作为社会心理服务的总供应者和总策划者的职责（吕小康，2018）。

这种认识突出了社会心理服务的公共服务属性和政府的主体责任，从宏观的视角增加了文化、民族和人类认同的观点，给社会心理服务赋予了更大的责任，描绘了更广阔的前景。

第三种观点，从心理卫生学语境下界定社会心理服务，认为社会心理服务等同于心理健康服务。

池丽萍教授针对社会心理服务建设试点城市进行调查得出了结论，即试点城市社会心理服务建设广泛呈现出“心理健康服务”倾向。[1]不少学者对此也有共识，当前试点城市开展的社会心理服务普遍将“社会心理服务”当作“心理健康服务”来开展工作，把社会心理服务的功能定位与心理健康服务等同。

第四种观点，从社会心理学语境下界定社会心理服务体系，认为社会心理服务具有进行心理建设、改善社会心态的社会治理功能。

辛自强教授认为社会心理服务是“运用心理学方法和技术解决社会治理难题”“要在制度和人的层面开展心理建设，尊重、理解并依循心理行为规律开展社会治理”，实现“由心而治”。[2]中国社会工作协会的赵蓬奇认为“要在社会治理的环境下，从社会整体的心理需求来体现社会心理服务的价值，提高民众心理素质，开发心理潜能，改良社会心态，提升民众的获得感、幸福感”。[3]有学者明确提出“社会心理服务体系不是心理健康服务体系”，社会心理服务不等同于“治病救人”；心理学人要做好理论引领，防止社会心理服务建设“滑入心理健康服务的思维中”；在政策决策及实际开展

❶ 池丽萍．对社会心理服务体系建设的反思 [J]. 心理技术与应用，2018（10）：588-589.

❷ 辛自强．社会治理中的心理学问题 [J]. 心理科学进展，2018（1）：1-13.

❸ 赵蓬奇．新时代社会工作的职业发展机遇 [J]. 大社会，2018（4）：38-41.

过程中，“允许把心理健康服务认同为社会心理服务的一个组成部分，但理论层面不可以把这两个概念混用”[1]。

以上观点明显在社会心理学背景下界定社会心理服务体系在社会治理领域里的功能定位。

第五种观点，从社会心理学与心理卫生学的关系上来界定社会心理服务，同意社会心理服务与心理健康服务两者不能等同，但同时认为两者也不能分割，心理健康服务是社会心理服务的根基，是社会心理服务体系的首要和基础性工作。

乔志宏教授提出“社会心理服务应当包括从治国到治人再到治病，从建设到预防到干预的全过程”。[2]这一观点表明了社会心理服务的定位和功能是为社会治理服务、为社会心理或社会心态建设服务、为有心理疾病患者服务，围绕社会心态建设、心理问题的预防与心理疾病干预而展开的社会心理服务。这与第四种观点基本一致，只是更能明白社会心理服务与心理健康服务的区别与联系。

傅小兰认为我国的社会心理服务体系建设工作应该包含，“第一，构建完善的心理健康服务网络。第二，在社会治理体系中加强心理建设”。[3]心理研究所副研究员陈雪峰也认为从目前的社会发展实践看，社会心理服务建设的主要工作系“经由心理健康服务来促进民众心理健康、促进人际和谐社会稳定”。[4]由此明确了心理健康服务是社会心理服务的核心与基础。

王俊秀研究员对社会心态进行了持续的探究，他以为社会治理的目标指向理应成为社会心理服务的建设目标，因此社会心理服务的最终目的是要满足人民对美好生活的向往，实现人民幸福。他研究认为社会心理服务体系应

---

[1] 辛自强，许燕．社会心理服务不等同于“治病救人”[J]. 北京观察，2018（9）：16-17.

[2] 乔志宏．我国社会心理服务体系建设面临的困难与挑战 [J]. 心理学通讯，2019（1）：17-21.

[3] 傅小兰．加强社会心理服务体系建设 [J]. 人民论坛，2017.S2：124.

[4] 陈雪峰．社会心理服务体系建设的研究与实践 [J]. 中国科学院院刊，2018（3）：308-317.

当分为宏观、中观、微观三个层次。宏观上追求助力实现社会和谐稳定，人民幸福安定；中观上旨在培育良好社会心态和积极的社会氛围；微观上着力于个体心理健康、人际关系、群体和群际和谐。[1] 王俊秀在心理学及社会治理的语境下试图构筑起社会心理服务的三层体系，而心理健康仅是其微观范畴的一部分内容。

以上五种观点既是对现行社会心理服务实践的总结，也是对社会心理服务定位的学术探讨，都有其合理的一面。综合以上观点，笔者认为社会心理服务是社会治理下的公共心理服务，心理健康服务是其不可或缺的基础性内容。

二、市域社会心理服务的模式

围绕社会心理服务以谁为主管或主导单位、在何种理念上展开、依托哪些主体参与、如何开展工作、需要哪些资源等，我们进一步理解社会心理服务的应然意涵。

1. 市域社会心理服务的管理模式

探索有效的市域社会心理服务的管理模式，围绕社会心理服务在何种理念上展开、依托哪些部门主管或主导、管理的机制是什么，这是市域社会心理服务在运行中首先要解决的问题，主管或主导的部门不同，服务的理念就不同，依托的主体就不一样，达成的效果当然不一致。

（1）政府引领的多元主体参与的平台搭建模式

社会心理服务作为社会治理的重要措施，涉及多个部门、多门学科、多

---

[1] 王俊秀 . 社会心理学如何响应社会心理服务体系建设 [J]. 心理技术与应用，2018（10）：579-589.

种人员、多类事物，如何协调各方关系，让各主体协同合作？无他，唯有强化政府领导、加强顶层设计，才能厘清“条块关系”，工作出成效。

政府引领的平台搭建式模式，就是通过政府引领，以心理服务专业组织为核心，吸纳多方社会力量参与，构建多层次、覆盖面广的社会心理服务工作，推动社会心理服务在基层社会治理中的有效开展。

首先，社会心理服务的管理模式必须是“政府引领”。在 2019 年发布的《全国社会心理服务体系建设试点地区名单及 2019 年重点工作任务的通知》中清楚地规定了：“成立由党政负责同志任组长的试点工作领导小组，政法委、卫生健康、宣传、教育、公安、民政、司法、财政、信访、残联等部门参与。”这说明社会心理服务的领导、管理或组织由党政部门负责。社会心理服务内容的多头并举必然涉及多个主体、多个部门，关系到多种资源、多种形式。在“政党—国家”体制下，社会心理服务需要依赖政府的力量驱动，其他主体难有与之匹配的实力与影响力。多元的主体之间如何协调呢？其核心还是政府部门的领导与组织，政府部门在处理不同主体利益、调动不同主体的积极性时，要注意协商意识和领导的艺术，使多元主体协调一致，提高主体之间协同呼应的速度和有效性。

通过对试点城市的经验分析，笔者认为市域社会心理服务理想的管理模式是政府引领的多元主体参与的平台搭建式。这种政府引领如果能明确到领导小组即实现政法委的引领，将能更好地实现人员的动员、资源的利用和服务的效果；其他部门的引领都将削弱社会心理服务的目标达成。在本书第三章的市域社会心理服务试点的三个城市经验中，我们可以看到大部分城市的社会心理服务是由政法委、综治办牵头；强调综治中心的“平台”作用。池丽萍对全国第一批 12 个试点地区进行调查后发现，这 12 个试点地区有 11 个城市的社会心理服务由综治办作为工作主管部门，同时有卫计、教育、公检法司、民政、妇联等相关部门参与。

然而，2018 年 12 月 10 部委共同下发的《全国社会心理服务体系建设试点工作方案》（国卫疾控发〔2018〕44 号），从文件中 10 个部委的排序来看，卫健委排在第一位，超越了之前排在第一位的政法委，而曾经牵头部署“社会心理服务体系建设工作联系点”工作的中央政法委排在第二位。这一署名顺序的变化马上体现在试点城市的相关工作部署中：第一个变化是牵头部门发生了变化。不少城市牵头部门由政法委、综治办换成了卫健委，如赣州市在2019年初各级社会心理服务的组织部门不再是政法委和综治办，而是各级卫健委。第二个变化是服务模式及内容发生了变化。既然卫健委牵头该项工作，那么社会心理服务就必然会偏向“医学模式”或“病态模式”，以心理卫生服务为主要内容，以心理健康为主要目标。第三个变化是参与人员与应用技术发生了变化。由于社会心理服务的模式内容发生了变化，参与的专家成员也相应发生转向，体现在主要以心理健康维护人员、心理咨询人员、临床心理治疗人员、精神科医生等心理疾病和精神疾病的防治人员为主；技术上主要采用心理咨询与精神疾病治疗的方法；沙盘等个体咨询的硬件在一些试点城市大力引入。第四个变化是服务对象发生了变化。服务对象不是全体社会成员，而主要关注有心理问题或精神病患的社会缺陷个体。第五个变化是工作效果发生了变化。由于主管部门变化所导致的上述每一个变化都将直接影响到工作成效的取得，表现在服务效果的范围局限于有问题的少部分人获益，而且服务效果的程度也大打折扣。

其次，社会心理服务的管理模式必须“多元主体参与”。为什么呢？第一，社会心理服务是一个新生事物和新生概念，它在基层社会治理的实践中涉及不同事物、不同对象，社会心理服务需要依赖各方社会力量参与进来；而社会力量也有参与社会心理服务的意识与诉求，多元主体参与使社会心理服务展现出开放性、共享性、协同性的建设特点。第二，多元主体参与能充分利用多元主体的各自优势，实现资源共享、优势聚集，共同解决社会治理中的心理学问题。第三，多元主体能发挥各自特长，在不同条块中游走，消除条块分隔，实现力量互补与协同，显现社会心理服务在基层社会治理中的效果。

政府引领为多元社会主体搭建社会心理服务平台，能有效汇集各方资源，为社会心理服务的工作开展和体系建设提供了后盾和载体，也匹配社会治理的多元主体要求，其地位和功能将日益彰显。因此，政府引领的平台搭建式社会心理服务其建设及工作开展的可能性最大。

政府引领多元主体参与的平台搭建式社会心理服务需要有一个共同的价值以吸纳多元主体参与和规范平台有序有效发展。以“人民为中心”被视为社会治理的核心，以“人民为中心”也应成为社会心理服务平台的建设与服务理念。这一价值理念能协调参与平台建设的多元主体之间的需求冲突，也能寻找阶层（服务对象）需求间的重叠共识，从而使社会心理服务在基层社会治理过程中推动价值再构、恢复心理平衡。

（2）运行机制

政府引领多元主体参与的社会心理服务平台的持续有效运转需要各种机制的保证，这些机制包括组织管理机制、资源整合机制、协同服务机制及创新激励机制，这些保证平台运行的机制本身需要不断健全和完善。

组织管理机制（图 4-1）：依据政府引领、多方参与的原则为社会心理服务平台进行统筹计划、沟通与调控，构建平台运行发展的一站式管理体系。在宏观决策层面：由试点城市党政负责人及政法、卫健、教育、宣传、公安、民政、司法、财政等部门的负责人成立平台建设领导小组，对平台建设与运行统筹规划，沟通协作跨部门事务，制定出台各项政策、商议决策重大事项。在中观管理层面：一是依托政法委有关职能部门，成立工作执行组织，如社会心理服务协会或平台运行部门，编制年度工作计划，保障政策落地和工作运转，协调解决重点难点问题，并进行年度考核及各项工作评估。二是依托社会力量成立跨部门、跨行业的社会心理服务专家小组，为社会心理服务体系的建设运行提供认证与研究、制定专业科学的技术指标体系、规范服务流程，为社会心理服务政策的制定提供理论指导，保证服务运行的科学化和有效性。在微观执行层面：上面千根线下面一根针，在微观执行上要组建由学校、街道、社区、心理与卫生人员等参与的社区（乡镇）心理服务中心，具体执行基层的心理服务工作、积极社会心态的培育工作。

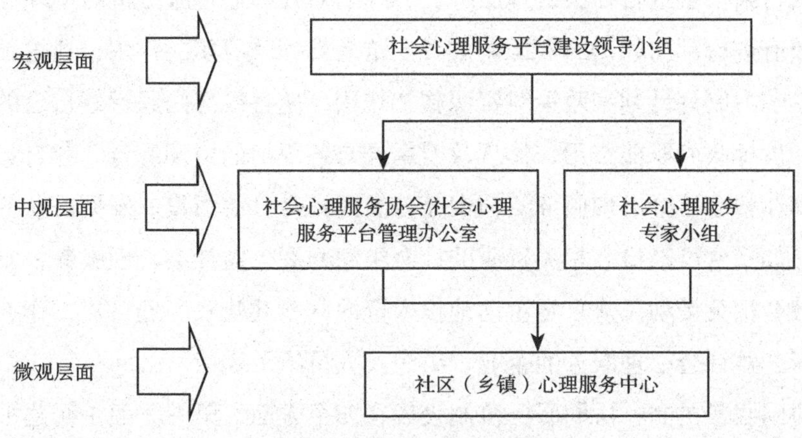

图4-1　组织管理机制示意图

资源整合机制：能否积极地开发资源并整合资源是决定社会心理服务能否取得成效的关键，也正是在这个意义上，平台搭建式的社会心理服务围绕平台自身资源匹配及跨界资源协同联动，逐渐探索出社会心理服务平台的资源整合机制。心理服务资源整合是为了实现社会心理服务功能，经由社会心理服务平台，将处于分散、闲置、潜在状态的社会心理服务所需的人力资源、物力资源、财力资源等进行系统协调、整合，使之成为整体并加以利用。包括：①交换协调型，即社会心理服务资源的共享与协同是通过对等互换的方式来推动，取代无偿的“获取”或者“给予”。马克思主义经济思想、古典政治经济学、实用主义哲学及行为主义心理学均认为，交换是理性人最普遍、最基本的行为特征。社会心理服务的多元主体在合作上的互利和资源上的互换，很方便在心理服务上取得利益平衡，如政府或平台对具有社会心理服务能力的社会中介、社会组织、专家等购买服务。这里的交换或互换的含义是广泛的，既包括物物交换，也包括其他一切互惠的交换形式，如精神性的互换。例如，社会心理服务为民众营造良好的社会环境，民众受此感召而增强对心理素质提升的自觉；通过让民众对社会心理服务产生心理认同换取民众对社会心理资源整合的真心拥护，等等。②政府主导型，即通过行政职权获取资源、通过沟通调配各部门拥有的资源，实现政府对资源的掌握并交付给平台进行社会心理服务，如政府对社会心理服务进行专项经费划拨、政府进行部门联动和资源调配等。这是发挥政府职能作用，通过政府特有的影响力制订计划和政策对资源施加作用，使各级部门履行好自己的相关责任，发挥政府职能作用，体现政府主导与各部门的协调配合。③自觉自愿型，即在整合社会心理服务资源中充分发挥社会公益力量、发掘民众的公益力量。如平台可动员有相关资质的社会组织开展公益社会心理服务，发动和组织社会精英带动民众自觉主动地投入资源共享共建及心理自建工作；平台对进行公益社会心理服务的企业、组织及人员给予表彰。

协同服务机制：协同服务机制表现在四个方面，第一方面是构建平台联盟以实现跨单位、跨部门、跨地区的资源共享和业务协同。因此，协同服务机制是社会心理服务平台的关键，包括：①制定社会心理服务平台多元主体的工作协同方案及工作规范；②建立资源共享管理利用与服务经费补贴保障使用等制度规则；③确立平台工作的评估考查制度，依据考评成绩进行奖惩及后续工作改进。第二方面表现在政界与学界、商界的联合协同。①政府是社会心理服务的主导部门，需要主动对接学界与商界，以吸引它们投身社会心理服务；②政府要制定规则，制定公平、公正、公开的规则，让有关各界在规则圈里自由竞争。第三方面表现在不同学科之间的协同。要打破个体心理的限制而从社会心理和社会治理的广域视角，冲破社会心理学单一学科限制，扩展到社会学、管理学等多学科协同视角来开展社会心理服务，社会心理服务理应是多学科的协同合作。第四方面表现在学术与实践的协同。社会心理服务是新生事物，要通过学科研究探索社会心态、社会治理的科学规律为实践提供指导，同时也需要在实践中进行工作试点，探明问题、积累经验为理论发现及科学指导提供土壤，社会心理服务需要科学规律和实务模式的协同，在规律与实践中不断磨合。

创新激励机制：社会心理服务是新生事物，如何做、做些什么都还处在理论与实践的探索阶段，因此创新激励是社会心理服务平台持续发展的基础和关键。建立起差异化的平台创新与激励机制，激发平台各方的创新潜能，实现智力的有效碰撞及心理服务的有效发展。包括：①创新激励。社会心理服务及其体系建设没有前人经验可寻，试点地区都是吃“螃蟹”的勇者，但在新生事物面前，在关系到民众美好生活方面，靠匹夫之勇是难以奏效的，还需要有智力碰撞的火花、因地制宜的效果。因此，要建立社会心理服务平台各项工作制度，制定创新激励制度。②评价激励。这是社会心理服务的检验平台，对前述工作和保障的服务过程、服务能力和服务效果进行监督评价，在公平、效率、可及性和适用性等指标基础上对目标达成的情况、效率的高低以及社会接受性及满意度等方面进行调查分析，最终评估社会心理服务的水平和效果。也就是说，要以提升社会心理的服务绩效为目标，对过程、能力和效果三个维度定期进行监测与评价，形成服务各要素之间相互作用、相互促进、相互影响的良性循环格局。这种评价与检验不仅有助于治理过程中掌握社会心理服务现有资源与服务状态，而且可以对保障和运行的现状效果进行自我检验与反馈，以此提供社会心理服务建设的经验依据，确保社会心理服务的规范性与实效性。③规范激励。平台的管理办公室或协会及专家委员会要制定平台工作开展的制度与法度，规范社会心理服务工作的发展。可以成立类似“科学及专业伦理委员会”的社会心理服务行业机构，专门处理该行业的规范化问题；由于社会心理服务在我国还是新生事物，目前也只在 12 个城市进行试点操作，因此地方性法规或管理条例还不健全，给行业的规范管理带来难题。随着我国的社会心理服务迎来发展的重要契机，急需在该行业推进制度建设以进行规范管理，通过专业伦理学委员会对社会心理服务的管理主体责任、对从事心理服务的个人、公司、协会的资质，对服务对象、服务内容、服务收费、服务考核、服务监管等方面进行规范，从而进一步理顺社会心理服务的管理体制，推动社会心理服务行业健康蓬勃发展。

2. 市域社会心理服务的工作模式

（1）平台及平台依托单位

政府引领多元主体参与的平台搭建模式，一方面意味着政府部门只参与引领和工作平台的搭建工作，不负责具体的管理事务，专业的事应交由专业的人去办；另一方面意味着不管是哪个政府部门的引领，都需要有工作平台。那么这个工作平台是单独另建还是依托一个或一些单位及现有力量建立呢？从各试点地区来看，基本都是采用依托现有单位设立社会心理服务的工作平台。但在平台的命名上我们可以看见，各试点地区对社会心理服务的理解是不一样的，比如赣州市社会心理服务的工作平台是"赣州社会心理健康服务协会"。

即便有些地区是以社会心理协会为平台，这个协会也是依托某个单位的。仍以赣州市为例，赣州市的社会心理服务是以社会心理健康服务协会为工作平台，协会成立于2018年1月，协会选举了几位从属于不同单位的专家担任理事或副理事，但协会的主要依托单位是赣州市第三人民医院，熟悉赣州的人都知道，赣州市第三人民医院也是赣州市精神病医院和赣州市心理卫生中心。通过池丽萍的调查，12 个试点城市的社会心理服务平台所挂靠的单位各不一样，5 个试点城市的工作平台挂靠精神病医院、心理康复中心、精神卫生中心，3 个试点城市挂靠在中小学校，2 个地区挂靠在当地最高一级的综治中心，2 个试点城市分别挂靠在当地卫计局及婚育服务中心。尽管社会心理服务平台挂靠哪个部门单位是当地领导小组综合分析各方面现实情况后进行的决策，但挂靠单位部门的不同决定了社会心理服务平台的工作内容和发展方向。因为挂靠单位部门的性质会直接影响平台的功能设定、人员配置、工作重点、服务对象等；并且试点城市最高一级服务平台的挂靠单位决定了下一级平台的挂靠单位，直至影响各级平台的发展方向，决定了工作内容与工作效果的不同。例如赣州市，它的社会心理服务工作平台是市社会心理健康服务协会，设在赣州市精神卫生（心理康复）中心，工作内容偏向精神及心理疾病治疗；下一级成立各区县社会心理健康服务协会，平台设在各区县的精神科医院或精神科门诊，工作侧重向有心理问题的居民提供心理服务，县区社会心理健康服务协会接受市社会心理健康服务协会的工作指导，同时也向市社会心理健康服务协会转介需要心理治疗的居民；最后一级是各街道（社区）设立心理咨询室，利用购买的专业服务为广大社区民众开展宣教及心理咨询。可见，社会心理服务平台挂靠的单位性质几乎决定了社会心理服务及其体系建设的定位、方向和功能。

本章开篇论述的社会心理服务的定位及第一章社会心理服务的概念分析中，笔者认为市域社会心理服务工作另建平台更佳，以专门的协会（中心）为平台是符合社会心理服务的应然状态（图 4-2）。平台的依托单位为社会心理科研院所，只是依托单位在社会心理服务过程中要有意识地做出社会治理的转向以符合社会心理服务的本质。如果工作平台依托的是某医院，那么这个城市的社会心理服务就更侧重于个体及病态，这不仅有失偏颇，而且很可能导致社会心理服务与它的本真背道而驰。

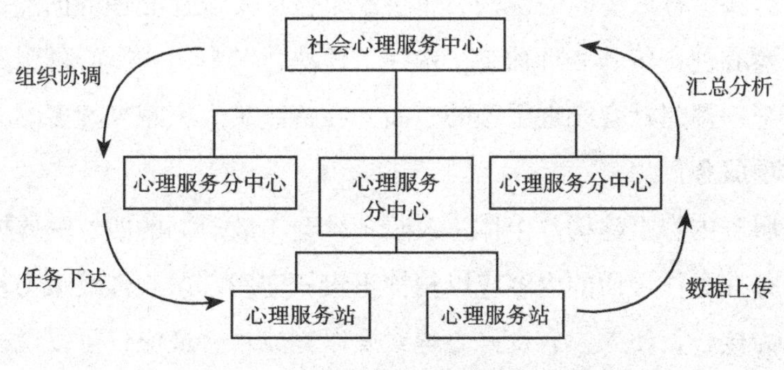

图4-2 城市社会心理服务平台体系

（2）具体工作模式

有了市域社会心理服务的工作平台，各主体应如何开展工作呢？这就涉及要确立社会心理服务的具体工作模式。笔者认为，根据社会心理服务的定位，要达成的目标以及为社会治理服务的功能，可以从以下方面建立具体的市域社会心理服务的工作模式。

一是工作体系上形成“市+区+街道+居委会”或“市+县+乡镇+村”的四层级联动模式。社会心理服务最鲜明的特征就是面向全社会、面向最基层，服务的触及面要广，要让基层的广大人民群众能够较方便地享受到这项公共服务。因此，搭建“市+区（县）+街道（乡镇）+居委会（村）”四级上下联动模式，尤其要普遍设立基层社会心理综合服务平台，形成四级服务中心，将社会心理服务按这条纵线深化深入下去。如：依照市里最高一级社会心理服务平台的建设模式、区（县）成立相应的社会心理服务平台，街道（镇）、居委会（村）内设社会心理服务的功能部门，搭建起市、区（县）、街道（乡镇）、居委会（村）四级“树状”社会心理服务工作体系，真正实现服务全覆盖。例如：以笔者所在的赣州市为例，2018 年 1 月开始着手建立市级社会心理健康服务协会作为赣州市社会心理服务的工作平台，之后市辖各区（县）均建起自己的社会心理服务协会、街道（乡镇）、居委会（村）在综治中心内开辟社会心理服务的功能区，至此建起了“全覆盖”的社会心理服务网。横向上，在公安、检察、法院、司法、卫健等单位设立心理咨询室，在市区各大社区、高等院校、企事业单位广泛设立心理咨询室，针对各自群体进行心理宣传和心理辅导，构建“模块化”“专门化”心理服务网络节点。近年来，赣州社会心理服务的“面”在持续扩大，越来越多的人已经在享受着这项服务。

二是服务内容上建构“个体 + 人际 + 社会 + 政府”的四位一体模式。社会心理服务在个体层面的内容应以精神重疾做兜底，以心理健康为基本，以积极心态为核心，使人人有良好心理素质以完成社会适应；可以说社会心理服务内容在个体层面主要表现为促进发展及健康矫正的模式。社会心理服务在人际层面的内容主要是帮助人们更好地处理人与人之间的关系及人与周围世界的关系，更好地去理解和调控人际行为，因此社会心理服务内容在人际群体层面主要表现为对人际群体的引导与调控模式；社会心理服务在社会与组织层面的内容主要是促进人们更好地理解社会（组织）结构、社会（组织）文化和社会（组织）规范对人们的决策与心理行为的影响，即社会心理服务内容在社会与组织层面的规范与影响模式；社会心理服务在政府层面主要内容是加快政府在社会治理中的角色调整，不缺位不越位，与社会治理的其他多元主体协同合作共建由心而治的“善治”，因此社会心理服务在政府层面主要是公正与公开模式。

三是服务形式上形成“微观 + 中观 + 宏观”及“事前 + 事中 + 事后”的“三观三事”服务模式。微观的个体、群体、家庭与单位，中观的社区，宏观的社会、习俗、政策；事前心理普及、培训教育、评估预防，事中干预处置、咨询辅导、事态调控，事后心态引导、善后安抚、素质提升，这样构筑多路径多渠道的社会心理服务形式。同时在这套运行体系下要兼顾社会心理服务的普及性与专业性。

四是服务平台上建立“线上＋线下”多渠道联合服务模式。通过“线上”“线下”广开渠道来对应民众的多样心理需求。线上渠道凭借大数据、人工智能、5G等先进技术，通过网站、微信公众号、开发心理服务APP，开通社会公益热线、建立心理自助平台、聘请外地心理专家等实现远程“一对一”“多对一”“多对多”的心理测量、心理咨询、心理治疗等线上便捷服务，为民众提供多样性、可及性的社会心理服务渠道。线下渠道可以在机关、各企事业单位设立专门的社会心理服务场所，例如：在各政府机关、各级各类学校、群团组织、企事业单位等建立心理咨询室、团体活动室、矫正中心、弱势群体帮扶中心，购买必需的社会心理服务装备，聘请本地有资质的心理服务人员及社会工作者、心理志愿者等人员进行心理科普、心理评估、心理辅导咨询以及青少年行为矫正、人际与官民纠纷处理等线下社会心理服务，定期为个人或群体提供公益性、基础性和综合性的社会心理服务。

五是服务人员采取“专业人员＋社工人员＋志愿者”各人员联动互补模式。社会心理服务的实践是一项专业性很强的工作，不言而喻需要不少心理领域的专业人士；同时它也是一项社会公共服务性的工作，还需要不少有志于此的其他工作人员。也就是说，各地要做好社会心理服务工作，不仅要倚靠专业人员，还需要大量的社工人员和志愿者，社工人员和志愿者可以做好前期工作，还可协助专业人士做好心理服务过程中的辅助工作。例如：社会心理服务专业人员对某社区人员进行心理辅导时，有很多前期准备工作需要完成，对有心理问题人员的初步甄别及信息上报、与有心理需求人员约定专业帮扶的时间地点、与社会心理服务专业人员的沟通与接待、专业服务后的资料整理与归档等。整个过程比较烦琐，虽然不涉及核心与专业，但需要妥善安排好每个环节，方能保证社会心理服务的顺利开展。并且社工人员及志愿者与基层民众的联系比专业人员会更加紧密，更能发现民众的需求及服务的效果进展等情况。再加上各城市专业社会心理服务的人员奇缺，经过培训后一些优秀的或有志于此的社会工作者及志愿者可接手一些专业工作，以缓解专业人员的不足。因此，需要建立联动互补的人员模式，并对社会心理服务平台的工作人员及志愿者招聘方面设置严格的标准，并定期进行业务培训，提升服务水平以保障服务效果。

（3）工作标准

经过学界的理论探讨及实践的工作探索，社会心理服务的工作培训、日常管理理应建立起一系列规范的社会心理服务工作标准来回应社会心理服务的专业要求，对心理服务人员业务能力以及发生危机事件后的干预流程与行为进行统一规范，才能体现出社会心理服务的专业特征。

第一，平台建设标准。对平台主管及挂靠单位的认定、平台的命名、工作场地设施的要求、一般工作人员与专业服务人员的任职要求、平台工作内容、工作流程、工作职责，工作协同机制、各级联动机制等，都要在充分咨询相关专家机构的基础上有明确的标准与认定，使社会心理服务平台在正确的道路上取得持续有效的进展。

第二，专、兼职人员标准。社会心理服务是专业性很强的工作，专业的事情应由专业的人去做，为了保证专业性，需要明确各级社会心理服务平台里的专、兼职心理工作者的资质培训、工作职责、行为规范及评价标准等。首先对参与社会心理服务的工作者进行资质查验，有心理学相关专业背景、有心理咨询师或精神科医生护士资质、每年需要接受专业培训继续教育、热爱心理公益服务的人员。另外对专、兼职人员的工作范围、工作伦理、工作程序、工作原则进行严格规定，对工作内容，如来访会谈、资料收集、诊断、效果评估、保密、转介等有专业的规定；对专、兼职人员统一开展培训、熟练运用软硬件工具开展线上、线下社会心理服务，进行岗前考核、过程监管、效果评估，确保社会心理服务队伍的专业性。

第三，制定社会心理服务工作的日常管理办法及心理服务的专业规范。针对不同需求，采取相应服务方式，为危险人群提供面对面心理支持和情绪疏导个案服务，为群众提供心理知识公益宣传与普及，为存在相似心理问题的人群进行集中团体服务等；让挂靠单位及基层干部参与到服务平台的日常管理之中，提高日常管理效率与服务的实效性。所有心理服务要有统一规范的服务流程，如 2020 年 2 月 12 日中国心理学会、社会心理学会及中国心理卫生协会等学术组织在新冠肺炎疫情中第一时间发布的疫情防控《网络心理援助服务指南》；临床心理学注册工作委员会随后快速推出详细的具体工作规范及伦理规范，如疫情期间《心理援助的分级分阶段处置》《网络心理咨询工作指南》《热线心理咨询伦理规范》《网络心理咨询伦理规范》等专业规范。

第四，建立健全心理疏导机制。随着社会的转型，个体及群体的不良情绪容易聚集，没有正确的调控方法和合适的宣泄方式将使这些不良情绪在人群中快速传递、激化，极易造成群体感染（集体歇斯底里）及群体极化现象，导致社会矛盾、社会冲突及群体事件的产生。因此，心理疏导的运用将会越来越广，但心理疏导是非常专业的一项心理服务，不够专业的服务将给个体、家庭及社会造成不可挽回的负面影响，因此对心理疏导要进行专门的人员资质要求、工作规范要求，对于各类人群存在的心理问题，主动地进行专业疏导；面对群众自发地寻求心理疏导，服务平台应及时响应需求；对于重点关注人群，采取强制性疏导服务，建立心理服务档案。

第五，强化危机干预机制。随着社会变化的加剧，突发事件在增多，对危机干预工作提出了更高要求。将心理危机干预列入突发事件的应急预案中，社会心理服务的专业人员需要定期接受心理危机干预培训和实战演练，以便对高危人群开展专业的心理援助服务。以危机事件的严重程度为导向，融合综治、卫健、教育、公安、医疗等机构的力量，针对不同群体开展强制性的心理危机干预服务。此外，联动各级心理服务平台，在社区（村）、街道（镇）和区（县）各层级服务能力范畴内开展重点关注对象的矫治和疏导工作。

三、市域社会心理服务的内容

对社会心理服务的内容我们应从更广阔的视野来界定，它理应涵盖比心理健康更宏大的内容。笔者认为，市域社会心理服务应在国民心理建设、社会心态引导、心理健康服务等不同层面都有所作为，这些内容共同构筑起社会心理服务内容的金字塔形态。接下来本书将对这些内容分别论述。

1. 国民心理建设

国民心理建设是一个大课题，它包括国民心理素质提升与民族、国家及人类共同体认同建构。为了系统性地、有计划地解决我国社会治理中主体、客体以及治理过程中出现的各种心理问题，培育民族意识、国家意识乃至人类意识，都需要在国家和社会的各个层面开展必要的国民心理建设。

（1）国民心理素质提升

从社会治理的对象上看，社会心理服务应该面向最广大的民众，提升他们的整体心理素质。这需要通过以下三方面来实现：

一是人们的文化素质需要得到普遍提升。国民整体心理素质的提升需要一个前提，那就是国民的文化素质要得到普遍提升，文化素质的提高有助于人们反躬自省、拒绝盲目从众及思维极化或固化、增强辨别是非善恶美丑的能力、作出理性行为选择、养成良好行为习惯。2018 年，我国九年义务教育的巩固率达 94.2%；至 2019 年底，我国已有 28 个省份完成了高中毛入学率 90% 的普及目标，15 岁以上国民的平均受教育年限由 1982 年的 5.3 年提高到如今的 9.6 年。党的十八大以来，我国教育事业的进步愈发明显，总体发展已跃居世界中上水平，2018 年我国高等教育毛入学率已达 48.1%。[1]

以往大学是“精英教育”，考大学成了“千军万马过独木桥”，虽然与之前相比，年轻人的文化素养得到了极大的提升，但中老年文化程度低的现象仍然存在，虽然大多家庭特别是城市家庭，孩子的教育成为家庭的重要事项，孩子的教育消费成了家庭的重要支出，但在一些农村家庭或城镇人群仍存在忽视教育、忽视教育支出，重打工赚钱、重经济收益的“短视”现象。但总体来说，我国民众的文化素养还是得到了较大提升，但文化素养在全民中的普遍提升还有很大空间。

二是培养理性精神。普遍提高国民的认识水平，提高对是非善恶美丑的辨别能力做出理性选择。心理学研究认为意识指导人的行为，人的行为受意识支配。感性冲动会使人失去判断能力，容易听命于一切暗示游走于无意识的领地[2]；当民众有了理性精神能进行理性思维时，人才有辨识与决策能力，才能约束自己的冲动与激情，并在理性精神的光芒下做出符合社会期望、符合社会评价标准的正确行为，避免出现人云亦云、跟风从众、思维极化或固化现象，更不至于做出有违道德与法律的事情。

三是提高人们的情绪调控能力。心理学认为情绪是人们对需求是否得到满足的反映，生活在社会中不可避免地会遇到逆境、挫折及事与愿违的事情，当这些事情发生时，人们极易产生消极和负面的情绪，波及自尊与安全感；而当这类不良情绪或感觉积聚过多就很可能冲破理智的约束，做出难以预料的行为。因此，让人们普遍具有调控自己情绪的意识及掌握调控自己情绪的方法，能帮助人们在面对不良情绪时及时发现、正确疏缓。

社会治理语境下的社会心理服务首先应该助力于社会治理主体的心理素质提升，即对广大公务员，特别是公、检、法、司系统及应急管理系统的公

---

❶ 沧桑巨变七十载 民族复兴铸辉煌——新中国成立 70 周年经济社会发展成就系列报告之一[OL]. 中国政府网，[2019-07-01]. http：//www.gov.cn/xinwen/2019-07/01/content_5404949.htm.

❷ 古斯塔夫·勒庞 . 乌合之众：大众心理研究 [M]. 冯克利，译. 北京：中央编译出版社，2000.

务员提高他们的心理素质。

一是提高工作动机和工作成效，提升决策能力。有些单位存在着沟通不畅、民主作风或凝聚力不够的现象，或有些领导偏听偏信，偏执武断的现象，这会极大地左右他们的工作动机和工作成效。特别是当公务人员及公检法司等工作人员也存在这种状况时，就会影响到对公共事务的决策，从而影响决策的公平与正义。"不患寡而患不公"是人们的一种普遍心态，公共领域决策能力的提升是维系社会和谐久安的重要决定因子。因此工作动机的激发、决策能力的提升对任何一个单位、特别是社会治理主体是必不可少的心理素质。

二是改善他们的情绪状态，增强压力管理和沟通能力。公务员及一些事业单位的工作内容与人民群众联系紧密，很多是为大众服务的，是联系政府与百姓的窗口。在普通民众眼里，他们代表着政府形象，他们的服务态度与工作质量影响着老百姓对政府的评价。但其实他们自身也面临着很多要处理的问题，如政策的时效性与有限性问题、工作任务重、工作方式简单重复问题、群众的不理解问题等，如何看待与处理这些问题不仅会直接影响到他们的情绪与压力，还影响到工作效果，影响群众的满意度、影响到政府的公信力。因此，他们要有化解矛盾、承受工作压力、提高服务意识、加强沟通技巧的能力。

从社会治理过程的角度看，社会心理服务应该解决社会治理过程中出现的心理问题，如贫富差距问题、环境污染和生态危机问题、贪污腐败问题、政民矛盾问题、大案要案频发的违法犯罪问题、心态失衡问题、信仰弱化问题、人际疏离问题、行为失范问题等；及时准确地把握广大人民群众多层次的心理诉求，在公共政策中识别和吸纳不同群体社会心理的发展变化规律，为科学决策服务。

（2）人类共同体认同建构

人类共同体的认同是一种社会认同，它是指"不同的人在心理认识上的一致性及由此形成相关联的社会关系"[1]，为形成"你们"或"我们"的类别

[1] International Encyclopedia of the Social Sciences.[C]. Crowell Collier and Macmillan.1968：250.

意识的主要心理依据，这种认同一旦形成就能带来强大的社会凝聚力和向心力[1]。认同最早是作为一个心理学概念被西方学者使用，西方近代对“认同”概念的界定是由弗洛伊德较早提出的，在他看来，“认同”是指“个人、他人、群体实现感情上、心理上的趋同过程”[2]。对于社会认同国内学者也有研究，认为社会认同是“在主流价值观的引导下与群体的感情共鸣、文化归属结合起来，在内心构筑起文化和政治的公共空间”[3]。

在党的十八大报告中已经明白提出“要倡导人类命运共同体意识”，结合社会心理服务的目标定位，笔者将建构人类共同体的认同分为内外两个相互关联的层面。

对内层面，首先是全力缔造统一的中华民族的民族认同与文化自信。民族认同是一个民族在长期共同生活中逐渐形成的对本民族的思维、价值、生活、行为等方式的积极认同与传承创新，其重点是对某民族价值的基本遵循，是凝聚这一民族共同体的灵魂和纽带。文化自信是一个国家、民族、政党对自身文化价值的坚定信心和传承践行，是对自身文化旺盛生命力的充分信仰[4]；提升文化自信，就能汇聚起中华民族复兴的强大心理力量。要实现民族认同与文化自信就是对自身民族价值的坚决肯定、对中华文化的坚定认同。习主席在不同场合多次提出关于建构不同类型和层次的“共同体”的倡议，“共同体”之所以能够建构，首要前提就在于我们总是生活在一定的文化、政治等的共同影响之下，其次是我们总会有共同的利益追求，对于其中的个体或群体必须予以相应的认同。

其次是塑造对现代中国的政治认同与国家认同。政治认同是民众对政府在个体或者公共生活区域或生活事件中行使的权力表示认可和接受的一种体

---

❶ 吕小康，汪新建 . 中国社会心理服务体系的建设构想 [J]. 心理科学，2018（10）：1026-1030.

❷ 李丹洁 . 跨文化身份认同的理论研究 [J]. 学园，2015（10）：27-28.

❸ 张莹瑞，佐斌 . 社会认同理论及其发展 [J]. 心理科学进展，2006（3）：475-480.

❹ 李国良 . 增进文化认同，坚定文化自信 [J/OL]. 中国共产党新闻网 .[2016-10-27]. http：//theory.people.com.cn/n1/2016/1027/c49157-28812758.html.

验和感悟[1]。国家认同是民众对自己所属国家的认可、热爱和忠诚的一种体验和感悟。政治认同和国家认同是将人们团结在一起的重要精神力量[2]。任何一个政治体系或政府、主权得到了国民广泛的拥护和热爱，才能获得鲜活的生命力并能存在久远；个体及群体只有在承认、认可的基础上，才能对一个政治体系及国家展露出极大的热诚和虔诚，而认同弱化将会带来严重的社会危机。

如果民族与文化认同是形成“你们”或“我们”的人类分类意识，那么政治与国家认同就是丰富“我们”的内涵层次及政治属性。人民群众对党和政府的认同感是一个立体化的结构，包括政治制度的科学有效，法律法规的刚性严密，文化和信仰的包容自信，社会成果的共享发展，治安秩序的和谐稳定等。通过社会心理服务的建设，搭建政府与民众之间的心理桥梁，密切党和民众的关系，增强百姓对党、政府和国家的认同感。

对外层面就是要尽力建构起共同的人类命运认同，为整个人类社会面临的问题及更好地发展，展示中国智慧和中国信心，并逐渐汇聚成国际影响力、感召力和塑造力；它进一步丰富和扩充了“我们”的内涵，是造就“我们大家”的人类属性。对我们身处的时代与世界如果没有发自内心的认同、维护和延续的愿望，就不会有同命运共存亡的人类命运共同体[3]。党的十八大报告中已经倡议确立人类命运共同体意识，因此，促进各类共同体的认同及建构，理应成为社会心理服务的高端组成部分，作为社会心理服务内容金字塔的塔尖。

对内层面的民族、文化、国家和政治统一体认同是对外层面人类命运共同体认同的前提和基础，对外层面人类命运共同体认同是对内层面认同的进阶和延展。

---

❶ 李素华 . 政治认同的辨析 [J]. 当代亚太，2005（12）：19-20.

❷ 范迎春 . 当代中国政治认同问题研究——基于意识形态分析的视角 [D]. 南京：南京理工大学，2012.

❸ 吕小康 . 社会心理服务提升人民获得感幸福感安全感 [J/OL].[2019-01-18]. http：//theory.people.com.cn/n1/2019/0118/c40531-30575534.html.

2. 社会心态引导

当今社会正处于调整转型时期，由于贫富差距、城乡差异以及政商关系、干群关系、警民关系、医患关系等各种关系的影响，社会心态呈现多元化发展样态。虽然“和平理性、积极进取”是当前我国民众社会心态的主流，但一些不良社会事件仍易成为社会不良心态的助推器和群体事件的引燃点。有效铲除那些有可能产生社会不良心态和群体性事件的社会心理土壤，是社会治理现代化推进过程中的重要挑战，也是社会心理服务理当极力去建构的服务内容。为此，如何运用心理学的知识与技术进行有效精准的识别、梳理与引导不良社会心态，净化社会心理空间，应当成为社会心理服务的重要内容和社会心理服务金字塔的中间层。

可喜的是，良好社会心态的培养已经开始得到社会心理学界的重视。笔者认为良好心态的引导包括社会心态的评估与预警、良好社会心态的形成及网络社会心态的净化三方面内容。

（1）社会心态的评估与预警

从提供政策决策依据的角度来看社会治理，就是通过大数据对社会大多数甚至全体成员的需要和利益进行了解、分析及研判、满足，因此，对不同社会群体的心理需求进行调研、检测、分析，为相关部门提供政策决策依据也应成为社会心理服务的重要内容。如何实现对社会心态的评估与预警？一是需要开发社会心理评估监测预警系统，二是需要搭建集调查、教育、宣传、预警功能于一体的智能社会心态服务平台。

第一，在心理学与大数据、人工智能、信息科学的整合中开发社会心理评估监测预警系统。

首先要认识到整个社会心态的监测不能仅依赖抽样数据，建立在现代信息技术及大数据的强大功能之上的社会心理监测预警系统方有可为；而宏大的社会心态信息，使决策层和研究者得以在全局、整体、动态的情境下对全体社会心态实现即时掌握。信息技术及大数据的这种强大功能可实现对社会心态监控预警数据系统的全方位支持，使得社会心理监测预警系统大有作为。

其次是组织相关专业技术人员，寻求利用大数据技术建立社会心态各种指标的数据库。面向全体民众收集幸福指数、安全指数、社会公平感指数、社会支持感指数、社会信任感指数、社会认同感指数、居民压力感指数、居民获得感指数等数据信息，最终通过大数据、云计算技术，得出社会心态的整体指数和动态指数，掌握民众社会心态晴雨表，为有效培育积极向上的社会心态提供科学依据和指标参照。

最后，由于这个社会心理监测预警系统需要对整个社会心态进行测量评估，因此除了采集主动参与测试的人员数据以外，还可以搜集社交软件、网络媒体、公共行为等途径的大批实时数据，这样的数据采集更及时、快速与有效，更方便获得民众在真实情境中的认知、情绪、态度、行为等数据（不存在问卷调查中的掩饰性情况），同时依据社会心理学原理与现代信息技术的方法，对获取资料进行统计与分析，据此对社会心态提出预警及持续监测。

第二，搭建一个集调查、教育、宣传、预警功能于一体的智能社会心态服务平台。

从社会心态建设角度来讲，疏导社会负性情绪、引导社会正确认知、促进社会积极行为、监测预警群体心理动态等应是社会心理服务的重要内容。智能社会心态服务平台是基于互联网的功能，围绕“发现问题—明确问题—解决问题”的思路来开展的社会心理服务。全体居民可在互联网终端随时进入社会情绪、压力水平、生活事件、睡眠质量、压力应对方式等多个维度的心理测评，平台智能统计心理测评结果，筛选出中、高风险人员，平台管理人员向相关部门和专业人士发布预警，社会心理服务人员在后台及时掌握具体的预警信息，进行人工再筛查确定问题人群，定位重点服务人群，规避后续风险。尤其要注意的是，对测量中发现的某种或某些不良心态涉及人员范围集中或出现在有某种关联的群体内、涉及的人数较多的现象，要及时启动心理预警机制，以便快速实施心理干预，避免某群体不良社会心态广泛传播以及在程度上的聚焦深化而导致社会危机事件的引爆。

同时这个社会心态服务平台要全面覆盖所有民众、特别是重点群体，能满足心理服务专家、管理人员等各层级工作人员的管理需求。这个社会心理服务平台除了心理测评、预警，还包括心理资讯、心理课堂、心理科普等内容模块及心理辅导、健康测试、数据中心等功能模块，帮助民众及时利用微资讯、轻音乐、短文章等疏缓情绪压力，获取心理知识，以满足社会心态建设的基础功能。

（2）良好社会心态的形成

良好社会心态的形成包括两方面的内容：一方面要引导民众形成理性平和的良好心态，另一方面要对社会不良心态进行疏导或消除。

要形成理性平和的良好心态，社会心理服务要着力解决好以下问题：一是引导人们形成合理的社会期待。每一位民众或群体，综合衡量自身及社会的现实条件、确立合适的奋斗目标、选择正确的实现方法、进行科学的评价，这是一个社会形成良好心态的现实基础。二是鼓励公民进行社会参与。深入广泛的社会参与能消除人际疏离、形成社会责任、产生社会认同、收获社会成就，广大公民能够获得对社会现实更深刻的体认和感悟，由此增强自尊自信、形成更加理性平和的心态。三是提振对国家、社会及人际的信任、信念和信心。要促进个体间的互信、群体间的互信、个体群体对社会的信任、个体群体对政府的信任等，要树立人们对国家和社会发展的科学信念与信心。

不良社会心态常常具有非理性特点，社会公平的普照是消除非理性最深层的办法，因此不良心态的消除是社会多方勠力同心、奋楫笃行的结果。但在其他力量难以统筹甚至社会现实不变的情况下，不良心态的疏导就显得更为现实和迫切，这就需要发挥社会心理服务的作用了。改变个体或群体认识事物的角度，以理性认知代替情绪表达，以淡定从容驱除焦虑怀疑，这是社会心理服务的工作内容。

（3）网络社会心态的净化

网络不良心态如果处理不当，极易造成普遍网络不良风气或极端网络事件，对现实社会形成的冲击是不容忽视的。那么网络社会容易滋生的不良心态有哪些呢？一是社会角色认知混乱。由于网络的匿名性与非现实性，网络空间遨游得久了，人们容易忘却自己现实中的真实角色和身份以及社会期待，失去正确自我认知的能力，失去网络与现实的角色切换能力从而造成角色混乱，随之而来的是偏激、自夸、寻求赏识等不良心理，甚至随意散布未经证实的虚假信息，实施网络暴力无视他人感受。二是人际交往的疏离。由于网络交往的间接性和虚拟性，人们在网络交往中极易造成角色冲突与信任危机、缺乏对面互动交往的信任及对丰富情感的理解，久而久之，现实的人际交往能力自然就弱化了，人们逐渐变成网络世界中情感冷漠的机器，越来越不适应甚至有意远离现实社会中的人际交往。三是网络人格障碍的形成。由于网络的多元性和随意性，有些人对网络发生的一切不能理性地筛选和鉴别甚至特意迎合与附从，长时间在非现实环境中耳濡目染，就会使人真假难辨、口是心非、表里不一，其行为模式和思维方式也会偏离而形成多重人格。同时，在虚拟世界中，过度兴奋或过度紧张也会使人们无法完成情绪转换，严重者还会导致人格异化。四是网络成瘾与网络依赖。由于网络的平等性与强大的吸附力，剥夺了不少人掌控自己网络行为的能力，有人湎溺于网络游戏中，有人迷失在网络信息里，有人沉沦在网络人生中，与网络世界片刻不能分、须臾不可离，直至网络依赖与网络成瘾。

由此网络社会化发展使得网络空间治理成为当代社会治理的重要内容。网络匿名带来的网络失信、网络暴力，情绪感染引起的网络从众与网络极化，网络信息碎片及信息过载导致的舆情危机与非理性决策等，与党的十九大倡导的营造风清气朗的网络空间要求相背离，因此在社会心态的塑造中，网络社会心态的净化是不容小觑的领域，理应成为社会心理服务体系的重要部分。网络社会心态的净化应当充分利用人工智能、信息科学的进展、结合大数据以技术手段维护网络规则、净化网络空间、探寻网络社会心态的形成过程和演变规律，并对不良网络社会心态予以科学防范、合理疏导。

3. 心理健康服务

心理健康服务应是社会心理服务的最传统和最基础的内容，一方面是由于它在我国受重视已久，工作模式日趋成熟；另一方面是心理健康服务包含的内容多属于个体现象，是个体生活工作交往的重要心理基础，工作较好开展也容易显成效。因此，心理健康服务理应作为社会心理服务的基础性工作，是基层可及的社会心理服务工作内容。

群众的心理健康需求按其刚性程度由弱到强，可以划分为普通民众的心理健康常识推广与心理辅导、心理行为问题人群的心理咨询、精神障碍患者的心理治疗等。具体来说，心理健康服务又可细分为心理卫生预防、社会关系的心理维护、特定群体的心理援助、特定阶段的心理支持、患者的心理康复及社区服刑人员的心理矫治。

（1）心理卫生预防

心理卫生是运用心理学的方法与技术，宣传和预防心理问题，恢复和促进心理健康的各种实践活动[1]。学者们达成共识，认为心理卫生有三个层次，也称心理卫生的三级预防。

一级预防是心理卫生预防最基础性和最广泛性的工作，是针对所有正常人开展的工作，以预防各种可能的心理障碍及行为异常，因此它最能体现心理卫生预防的积极意义。它涉及的领域与对象要远比二级预防、三级预防更加广泛得多。一级预防主要进行心理健康知识的普及、心理健康的建卡立档、心理健康意识与心理素质的提升工作。如：宣传普及心理健康知识、开展心理健康公益活动、进行发展性团体心理辅导等丰富多样的心理活动，以及优化社会心理环境，进行心理健康状况普查等基础性工作。心理卫生的一级预防工作如果做得好、做得实，可以有效减少人群中心理问题的检出率，有效控制心理问题的发展，极大地改善民众的心理健康状况，保障维护人们

[1] 王伟 . 心理卫生 [M]. 杭州：浙江大学出版社，2007.

的心理健康发展，也有利于净化社会心理环境，使社会心理氛围总体是正常的、良好的，给心理发展提供良好的空间。

二级预防是心理卫生预防的重要层次。它的工作对象范围更窄，是针对有心理困惑、轻度心理障碍、生活中的各种危机和社会适应不良的人，他们是心理不健康者，但仍属于心理正常人。通过安排心理咨询师、心理专家坐诊，为民众提供心理咨询、心理辅导，为轻度心理、行为障碍的居民制定干预和治疗计划。通过心理卫生的二级预防工作使这部分人消除心理困惑，心理障碍和不适应行为得到控制、防范心理问题的蔓延及病情向深度发展。由于二级预防工作对象和任务的特殊性，从业人员及机构更加专门化，二级预防工作主要由心理专家、心理咨询师、精神科医师等专业人员所在的各级心理卫生中心、各单位心理咨询中心等专业机构进行。

三级预防是心理卫生预防的最后防线，也是攻坚层面。它的对象是严重的精神病患者及严重的心理异常者，三级预防的专业性由此可见一斑。因此三级预防的任务只有各级精神病专科医院、综合医院的精神科，心理重疾患者在那里能得到专业与系统的治疗，能很好地控制、缓解病情，甚至实现痊愈，逐步恢复社会功能。

心理卫生预防是心理健康服务的重要基础性内容，亦是社会心理服务的一项易得性工作，在所有社会心理服务内容中，此项服务内容在我国开展得较早也较成熟，专业人员及机构也能较好地满足心理卫生三级和二级预防的需求。

（2）社会关系的心理维护

人是关系性的存在，每个人最早都隶属于某一家庭关系，从家庭关系中走来，到社会实践中去。亲子关系、夫妻关系、个体与原生家庭的关系等，这些都是人们每时每刻身处其中不能逃避的事实；工作之后的同事关系、领导关系、客户关系也经常会影响着人们的工作状态和生活感受。在各种关系中，婚姻关系和亲子关系是最基础最直接的家庭关系，接下来着重介绍这两种关系。

婚姻关系即夫妻关系，是一种特殊的人际关系，是一种存续时间较长的亲密关系。夫妻是家庭的核心，夫妻关系也就成为所有家庭关系的核心，它既影响着其他家庭关系也深受其他各种家庭关系的影响。夫妻如果相处不好，不仅给当事人双方带来痛苦的心理感受，影响夫妻感情，而且不可避免地影响孩子的成长、家庭的和谐。夫妻之间的冷暴力和婚姻道德问题若不能理性看待、合理解决，则很可能导致婚姻的破裂。《民法典》规定了离婚冷静期，如果在这个时期社会心理服务能够介入的话，可以帮助他们更清楚地看到彼此的需求，让双方理性宽容地处理矛盾、分歧，理性地发展关系。

亲子关系是父母与子女的一种血缘关系（也有少数是父母与养、继子女间的非血缘关系）。它是个体生命中最早形成的关系，是对人生影响最大、影响最长的关系。亲子关系是一种力量不均的双向作用的人际关系，早年子女身心能量弱小，往往在亲子关系中起决定作用的是父母；而且早年的亲子关系对孩子一生的影响深远。亲子关系问题有多种表现，最普遍的是父母与子女在有些阶段会冲突不断、矛盾多发甚至关系破裂。亲子关系的问题主因往往在父母，可能是父母对子女的过分要求或者超常期待，也可能是父母不懂或忽略孩子的心理需求或心理问题。中国文化里有“望子成龙，望女成凤”的思想，有些父母不自觉地将过高的期望转移到孩子身上，再加上不少父母并不懂得孩子心理、没有正确的教育方法，或自身没有很好的心理调控能力，当孩子出现学业不良、行为不良的情况时，亲子关系就会出现巨大鸿沟，甚至导致两者无法沟通、关系破裂。不少心理学人有这种共识，即“孩子的问题往往是家长的问题”，特别是家有青春期的孩子，亲子关系难免面临着这类挑战。这时就需要社会心理服务的提前介入及实时帮助，做好心理疏导，传授沟通方法，化解矛盾冲突，缓和双方关系。

总之，良好夫妻关系、亲子关系的存续，不仅需要当事人自身的努力，社会心理服务的作用也不可或缺。服务人员通过倾听双方倾诉，找到问题存在的关键，分析矛盾的深层原因及各方诉求，从而解决矛盾，修复、维持良好的夫妻关系、亲子关系。

（3）特定群体的心理援助

特定群体在这里指的是弱势群体和边缘人群。

我国的弱势群体分为两类，第一类是指低收入人群，收入远低于平均数的还有一部分工人、农民、农民工及城市自由职业者。除了因种种心理原因不去工作、不想工作或不好好工作的人，造成这种现象主要是因为社会快速发展及社会阶层加剧分化的结果，这类群体的存在是社会发展不均衡的自然现象，就像在体育比赛中即使运动员整体水平都很高，总会存在最后一名。这部分低收入人群由于经济状况和社会地位的落差，他们中有些人容易产生自卑感、压抑感、不公平感和被剥夺感。

弱势群体的第二类是种种原因导致身体、心理残疾的残障人。有不少残障人士由于身心原因无法工作或不愿工作，即便有工作也往往不够体面或收入欠佳，他们依靠家人与社会救助，可想而知生活并不宽裕，特别是不能自食其力、不能像正常人一样生活工作的痛苦是常人难以想象的。强烈的自卑、压抑、孤独容易使这些弱势群体丧失工作热情和生活勇气，要么把身心封闭在狭小的圈子里、要么悲观厌世甚至产生报复心理。如果此时没有心理疏导、心理治疗的介入，他们的负面情绪和不良心态就无法得到及时的疏通、排解，极易产生心理障碍、心理疾病，甚至走向极端，产生逃离、自杀及报复社会的行为。这样既不利于他们自身的生存与发展，也威胁着社会的安全与安宁。

弱势群体的生存与发展问题引来了越来越多的社会关注，2021 年全面消除贫困、全面步入小康无疑是一个前无古人的大手笔，但当前低收入人群与残障人生活的社会氛围还不够好，针对性的心理援助还较少。社会心理服务在这方面理应有更多作为。例如以城市社区为单位给弱势人群建立个人心理档案，了解并跟踪他们的心理状况，使他们掌握释放不良情绪、缓解心理压力的技巧与方法；对于心理冲突大、心态失衡重的个体，社会心理服务可进行及时关注、实时跟踪、随时帮扶等。

边缘群体与弱势群体两者所包括的人群有一定的交叉，本书所指的边缘群体主要是指被社会排斥或难以融入社会的人群。他们是被主流社会轻视、不被包容的群体，如吸毒人群、刑释人员、流浪者；他们是因为自身原因无法融入社会的群体，如性格缺陷者、精神障碍者、边缘人格者。之所以成为边缘人群，原因是多方面的，有社会政治、经济方面的原因，也有文化习俗、个人性情方面的原因。不管是主动还是被动的，边缘人群在政治思想、经济意识、人生信仰、文化素养等方面与主流社会需求迥异，与主流社会格格不入的人群。社会心理服务应采取多种措施预防该边缘群体的扩大，同时通过心理工作和政府帮扶让他们重归正常社会。

（4）特定阶段的心理支持

在不同的年龄阶段或人生发展的特定时期，都可能有一些特殊事件的发生，例如青少年的学业困难、人际困惑与欺凌事件，成年人的离异、失业、职业适应事件，老年人的疾病、失亲、终老事件等。

青少年是每一个个体成长中的必经阶段，是生命的黄金时期，这一时期青少年的身体发育很快并渐趋成熟，而心理却处在独立与依赖的矛盾时期，因此青少年时期也称为心理断乳期。这个时期的青少年伴随着生理的日趋成熟需要在心理上建立起与之相适应的思维方式与处世方式，树立起正确的人生观和价值观。在这样一个身心大变革的时期，自信与自卑、独立与依赖、自由与焦虑、成功与挫折等都会随之而生、不期而来，再加上学业压力、亲子关系困境等相伴左右，成为青少年要面对的挑战。

青少年面临的三大难题是学习压力、性困惑和不良行为。青少年期正处在获取知识的黄金时期，要翻越中考、高考两座大山，学习的难度日益加大，对学生的智力、专注力、耐挫力等心理素养的要求日益提高。据不完全统计，目前因学习压力而陷入痛苦，甚至患有焦虑症、抑郁症的青少年呈上升趋势。2020 年 9 月初，国家卫健委发文，第一次将抑郁症纳入各个高中及高等院校学生健康体检内容。青少年的性意识随着生理的成熟开始觉醒，而性教育往往是滞后甚至忽略的，导致许多青少年缺乏科学的性生理和性心理知识，这样在面对现实的性冲动和异性交往时往往会陷入矛盾迷茫中；家长和老师不能只关注学生的学习和学业成绩，更要关注他们的精神世界和个性发展，尤其是青春期孩子的性心理。青少年的行为问题是一种常见的现象，有撒谎欺骗、逃学旷课、网络成瘾、打架暴力、吸毒犯法等，这些行为问题的产生有复杂的原因，从内因上看，主要是青少年的猎奇心和模仿力较强，而辨别力和自控力较弱，因此往往易受到同伴或不良社会风气的影响，形成不良行为习惯或染上不良嗜好。

青少年时期的内心世界是色彩斑斓的，也是烦恼丛生、危机潜伏的。帮助他们顺利度过青春期并获得成熟成长是家庭、学校和社会的共同义务，也应成为社会心理服务的关注重点。针对花季存在的不同问题采取相应的措施，特别要对青春期的生理和心理知识进行宣传教育，让青少年明白自己的身心变化，有勇气并科学地直面青春期的身心问题。

根据发展心理学的划分，中年期是 30 ～ 50 岁。联合国世界卫生组织对不同年龄段也做出了界定，把 45 ～ 59 岁划归为中年期。由于民众普遍压力的增加、平均寿命的提高及退休年龄的延迟，在此我们将中年期界定为 35 ～ 60 岁。这是人生中的黄金时期，也是很长的一段时期，很多人生重大任务都会在这一时期完成，成家、立业、贡献社会等；中年期也是人生从巅峰到谷底的多事时期，身体从强壮到老化、从养育孩子到孩子成家离家、从工作骨干到工作退出，这种巨大的反差易使中年人产生空虚、焦虑、自卑等不良情绪。中年期也是人生最负重时期，个体对家庭和社会的付出最多，社会对个体的要求也最高：在家庭中，中年人的责任是抚养孩子、培育孩子成长，照顾父母周全安享晚年，夫妻相互理解扶持、共创幸福生活。在工作中，中年人的任务是不断提升自我、努力工作，创造财富实现价值。在社会中，中年人的义务是遵纪守法，投身社会建设，承担社会责任。

可以想见，身处这一时期的中年人不可避免地承受着来自各方的多重压力，被称为人生的“压力锅”时期。因此，专家学者提出中年人可能面临“中年危机”，即中年时期来自健康、婚姻、家庭、事业等各方面的困境和压力倾泻而来，导致中年人进入心理危机状态。中年人的心理压力多而沉重，尤其是中年男性，他们将经历身心疲惫和精神痛苦，同时由于社会期待不同，男性不会将自己的压力以合理的方式宣泄释放，这样又进一步加剧了中年人的危机，很有可能使中年危机在这种循环往复中不断加剧，成为中年人再也走不出的“压力圈”。中年人是家庭的顶梁柱，是工作的骨干，是社会的中坚力量，为了他们有更健康的身心、更幸福地生活、更高效地工作，他们理应成为社会心理服务的重要对象。面对中年危机，社会心理服务在解决问题时应对症下药，如针对中年离职现象，除了跟踪他们的心理动态，对他们进行必要的心理调节、情绪疏导之外，还可协同社会心理服务平台的民政、劳动、教育等部门，参加技能培训、介绍工作机会、鼓励积极就业。

老年期是从 60 岁以后直至死亡的这段时间，它是人生的最后阶段。在这个时期，身体出现器质性与功能性的退化，心理也随之发生明显改变。学界对老年人的心理发展持截然迥异的两种见解。一种观点认为老年期是各种丧失期，老年期的身心都在发生持续不可逆的退行性变化而没有发展。另一种观点认为老年期除了各种功能退化外，有些功能仍处在继续发展的时期，如老人性情更豁达、更乐观、辩证思维能力达到顶峰，超过六七十岁的国家领导人大有人在，很多老年人依然活跃在政治、经济、社会等各行各业的舞台上并做出了不凡的业绩。

但不可否认，常伴随老年人的心理有孤独感、丧失感、无价值感，可能出现的心理障碍有离退休综合征、睡眠障碍、老年抑郁、疑病焦虑等。再加上老年人身体上的慢性疾病或重疾的发生，或家庭中亲人亡故、子女不孝、子女孙辈发展不顺等情况，老年人还可能会出现更多的心理问题。我国已步入老龄化社会，面对越来越多的老年人及越来越多发的老年心理问题，社会心理服务应协调老人家庭，给予更多的心理帮扶；联合社区多组织适合老年人的活动，厚实他们的精神享受。社会心理服务应该在老年人的生活中发挥更多作用，帮助他们以积极平和的心态面对自己的生理和心理变化，以更从容平静的心态面对生命旅程。

（5）患者的心理康复

患者的心理康复是生理疾病患者或心理疾病患者在身心功能恢复期的心理调适。心理康复是依据心理学的理论和方法指导，对患者进行心理干预，改善其认知偏差、情感障碍及行为不良，以增进患者身心功能的全方位恢复、促进他们愈后的社会适应能力。心理康复对于现代社会意义重大，它能有效地帮助身心疾病患者克服心理障碍、促进健康心态、恢复正常社会生活。

对于生理疾病患者，只有身体器官的功能训练与康复还不足，更重要的着力点是涉及社会功能的心理康复。而且患有重疾或慢性病的病人往往存在心理困惑或心理障碍，因此生理疾病治疗与康复应当与心理疾病的解决并行，只有完好的生理功能康复再加上社会功能康复才能实现整体的、完全的康复，在真正意义上使患者调动自身潜能，不成为家庭与社会的负担。

心理疾病是指心理（精神）功能紊乱，导致知、情、意、行等方面异常，以致干扰个体的社会适应或使个体感到痛苦难受的心理状态。[1] 从年龄上划分，儿童时期常见的心理疾病有言语障碍，如口吃、言语发育迟缓；睡眠障碍、如梦游、遗尿；饮食异常，如偏食、挑食；行为障碍，如冲动与攻击行为、恐惧、固执等；还有多动症、自闭症、精神发育迟滞等，以上都是这个阶段有可能出现的心理卫生问题。青少年时期多见的心理问题有：逆反心理、情绪自控不够、考试焦虑、强迫症、抑郁症、网络成瘾、青春期精神分裂症等；青壮年时期常见的心理问题有：强迫症、抑郁症、神经衰弱、性心理问题、与职业适应相关的心理困惑或疾病等；中年期常见的心理问题是身心疾病、焦虑症、睡眠障碍、抑郁症等；老年时期多见的心理问题有空巢症、退休综合征、疑病症、恐惧症、癔症、老年抑郁症、失眠等。随着信息与科技对人生活习惯的影响，还有一些心理问题或心理障碍可能伴随各年龄段，如手机依赖、网络成瘾、晚睡等。

身体和心理疾病患者是社会心理服务的重点人群，他们深受身心病痛的苦楚，对症服务后心理问题能够得到缓解甚至实现社会适应。对于生理和心理疾病患者的心理康复，社会心理服务的主要任务是采取有效的方法、通过对患者的心理访谈、心理咨询，制定专门的心理康复计划。与此同时，还要向其他居民普及心理常识，形成不歧视患者的良好康复氛围。

---

[1] 童欣．大学生心理疾病原因分析及对策思考——以 59 例大学生心理疾病为例 [J]. 教育教学论坛，2017：58.

（6）社区服刑人员的心理矫治

心理矫治是社区矫正的内容组成与重要途径，通过心理测量与心理评估对社区服刑人员的再次犯罪风险进行预测并实施管控，通过心理健康教育与心理咨询矫正他们的犯罪心理与犯罪行为，对心理障碍和心理危机进行心理干预等一系列活动[1]。心理矫治能帮助司法人员切实掌握社区服刑人员的心理特征，改变其不良认知方式，矫正其人格障碍与行为恶习，实现改造目标，促进其回归社会。社区心理矫正工作可从两方面入手，一方面要加强对犯罪心理的教育和改造，矫正他们的犯罪人格和行为恶习；另一方面要加强对犯罪心理的帮助和服务，促使其被社会接纳。

社区矫正的对象分为三类：一类是罪行情节及社会危害比较轻微的罪犯，如管制或缓刑罪犯；一类是由于身体原因暂不羁押的罪犯；一类是被裁定假释的罪犯[2]。从总体上说，能成为社区矫正对象的都是一些罪行比较轻或者经过改造后对社会不造成危害的非监禁服刑人员。

对于社区服刑人员的心理矫治，有一项重要任务便是改正他们的犯罪心理与劣行习惯。这要具备法律、社会学、心理学、社会工作等学科知识结构，并能运用心理矫治的方法与技术的人来开展这项工作。我国社区心理矫治现行的普遍做法是向社会购买服务，聘请专业机构或社会组织的心理学专家进行心理评估与心理咨询。这种做法往往是以项目的形式外包给他人或公司，随着项目的结束，社区心理矫治也随之停下，因此具有不持续、不稳定的特点，成效难以累积和显现。而政府引领下的社会心理服务平台有固定的场所、固定的队伍、多种专业的融合和持续的服务内容，在社区心理矫治中能稳定地、持续地发挥作用；社会心理服务承接社区心理矫治工作，能更长期有效地帮助他们调整对立情绪，缓解心理压力，树立起法治观念和法律意识，助推改造进程及社会再适应进程，为社会治理工作添砖加瓦。

---

❶ 孙文立 . 论社区矫正心理矫治工作的发展路径——以监狱心理矫治工作经验为视角 [J]. 山东警察学院学报，2015（4）：93-97.

❷ 本书编写组 . 新刑事诉讼法要点解答与案例解读 [M]. 北京：法律出版社，2012.

4. 应急心理服务

前面所述的国民心理建设、社会心态引导及心理健康服务均是社会心理服务在社会常态下开展的工作内容，社会还有可能出现非常态或紧急情况，在这种非常态情况下社会心理服务也应有所作为，那就是进行应急心理服务。美国经济学家库兹涅兹研究认为：当一个国家的人均 GDP 从 1000 美元向3000美元迈进时，往往是各种利益矛盾频发，收入分化加剧的时期[1]。我国在 2008 年开始进入此收入范围，也开始进入突发公共事件高危时期，直到现在乃至未来很长一段时间，我们都要面对自然灾害、人为灾难、公共安全和公共卫生等危机事件所带来的严峻考验。由于突发事件的猝不及防及危险伤害性质，在它发生之后往往会打乱公众的生活平衡从而引发心理冲突，再加上遭遇灾难的惊惶、目睹死亡的恐惧，公众内心会受到极大冲击和伤害；也有的突发事件会造成政府公信力的严重损伤。因此面对此等事件，及时的应急心理服务不可或缺，它有助于疏导人们的不良情绪，进行心理危机干预及心理援助，能重塑人们信念、重塑政府形象。如突发人为灾难的心理危机干预、汶川地震后提出的灾后长期心理援助的组织与实施框架、2020 年中国对抗新冠病毒的心理援救，应急心理服务在应对灾难时的优秀表现就极大地提高了国民对制度优越性的体认，提升了国家形象，提振了国民信心。

社会心理服务的应急心理服务内容应包括以下三个方面。

（1）群体性事件的预防与化解

前述的社会心态的测量与预警的一个重要功能就是避免出现群体性事件的发生，或发生了这类事件可以及时有效地干预与化解。目前我国的群体性事件主要表现出两种样态，一是存在实际的利益纷争，如拆迁安置问题、环

[1] Grossman G，Krueger A.Economic Growth and the Environment[J].Quarterly Journal of Economics，1995，110（2）：353-377.

境污染问题、农民工维权问题、医疗纠纷问题等，其防范与治理主要通过坚持公平公正、协调利益关系来实现；二是不存在直接利益纷争，只是借机表达、发泄不满而出现的群体性事件，其治理更依赖于社会民众积极健康社会心态的疏导与培育。由此可见，面对上述突发的、大规模的、传播迅速的群体性事件时，特别需要社会心理服务工作的介入。一方面，要构建及时高效的群体性突发事件的心理防范机制。平常就要把良好社会心态培育与不良社会心态疏导纳入社会心理服务的工作内容，造就平和理性、公平信任的社会心理大环境，减少社会的利益损害事件与个体的盲目顺从行为，以防控不良心态与事态的地域传播与人际感染。另一方面，要建立科学高效的群体性突发事件的心理干预机制。由于群体性突发事件爆发时间不可控、事件走向不明朗、事件传染快速等使得部分民众没有准确研判所需的时间和能力，被裹挟着跟着事件走，处在突发的紧张不安及持续的焦虑中；同时参与的人群往往具有消极的政治心态及主观化、随意性的态度和行为，极易导致对事件与风险的判断走向另一个极端。群体性突发事件的心理防范与心理干预能在事件发生前有效降低事件发生的风险，在事件过程中置入理性因素、引导积极有序的公共参与。

（2）突发事件的应急心理健康服务

突发事件的发生情景及连带结果往往会给人巨大的心理冲击，甚至成为一生的梦魇。突发事件的应急心理健康服务对象主要是经历过灾难性事件的当事人与相关人员。如 2020 年的抗击新冠疫情中的病人及其家人，一线救援的医护人员、基层干部，志愿者及需要帮助的普通群众；地震等自然灾害和其他事故灾害的所有亲历者及目睹者（包括救援人员、记者、电视机前的观众），他们中有的人可能已经出现心理障碍并有明显症状，有的是高危人群，有的是易感人群极易诱发心理问题，要对其进行现场或远程的分类心理危机干预及心理应激处理，缓解他们的心理不适、治疗他们的心理障碍。这些工作对于身处突发事件中的人们来说是非常急需与有效的，同时也是很好的心理安慰，体现了社会的人文关怀。

（3）参与应急管理决策

应急管理必然是一个在多学科基础上建立起来的综合管理，应急管理目标是维护社会秩序稳定与生命财产安全。应急管理的主体也是人，理所当然要遵循人类心理行为规律来制定应急管理政策。心理学专家学者的专业素养决定了他们有深厚的应激心理的理论基础，在群体性事件的预防化解与突发事件的应急心理健康服务中，社会心理服务的专家学者在一线有丰富的应急救援经历和经验，都可以为应急管理部门的政策制定与行为决策提供更多的参考。应急管理是社会治理的组成部分，同为社会治理组成部分的社会心理服务在应急管理中大有可为，使社会治理的需求、应急管理的要求及社会心理服务的追求统一起来，将“需求”“要求”和“追求”联结成一个整体，进而增强应急管理和社会治理工作的效果，提升应急管理工作的科学性与心理关怀。

四、市域社会心理服务的资源开发与整合

资源是指一定地域拥有的可以被人类开发和利用的物质、人力、信息和能量的总称[1]。资源以一定的形态存在于世间，并不会自动地被人类利用，需要经过资源开发或整合的过程。资源开发与整合是人们对潜在资源进行采选、激活、科学配置和综合利用的过程。社会心理服务有丰富的工作内容、要面对复杂的问题环境、人员也以社会化力量为主，亟需对市域范围内的资源进行整合以保障工作的开展及工作的成效。

城市心理服务资源的种类多种多样，有多少个分类角度，就有多少种不同的资源，对城市心理服务资源的分类研究是为了加强对此类资源的认识，

[1] 郑杭生，殷昭举，杨敏．多元利益诉求时代的包容共享与社会公正——社会建设和社会治理创新的“中山经验”[M]. 北京：中国人民大学出版社，2014.

从而达到开发与利用的目的。

社会心理服务资源以多样化的形态分散于社会中：第一从城市心理服务资源的属性来看，可分为自然资源、社会资源和技术资源。第二从资源存留的形态划分，城市心理服务资源可分为显性资源与隐性资源，专有资源和共享资源等。第三从资源在心理服务中的效力分类，可分为基础性和发展性心理服务资源。第四从资源对居民心理服务的功用划分，可分为对不同人群开展心理服务的资源、对不同问题开展心理服务的资源。以上这几种资源有交叉混存的现象，对这些资源的开发整合有没有物尽其用、人尽其才的缺失或浪费现象，因此在社会心理服务中对各种资源的开发整合，要冲破行业藩篱、消除单位疏离、突破个体局限，在社会心理服务中充分发挥各类资源的功能和优势，实现资源共融共享。

1. 资源开发与整合的价值

资源存在的现实情况之一，是资源不足难以满足群众需要，表现为民众对自身心理关注度的提高与心理服务供给的稀缺性。随着收入差距的加大、生活压力的剧增，社会进入风险高发时期，民众对心理的需求也随之攀升；同时伴随人们对更美好生活的追求，催生出人们对职业发展、子女成长、家庭和谐等领域心理需求的不断升级。而以上种种心理需求不是靠一般的心理服务就能获得满足，需要较多的资源开发与整合。有学者对社区居民的抽样调查发现：有 70% 的人认为心理服务是社区理应为民众提供的一项基本服务，但现实情况是 68.1% 的居民所在的社区并没有开展社会心理服务。[1]社会心理服务已然成为社会的稀缺品、民众的稀罕物。

资源存在的现实情况之二，是资源分配不均，表现在社会心理服务过程中并存着资源供应的约束性与资源的闲置性。城市的有些机构资源相对宽

[1] 过韵泽．我国社区心理服务的现状调查 [J]. 湖北经济学院学报（人文社会科学版），2016（1）：16-17.

裕，同时又存在资源的周期性空置局面。这是由于市域内不同单位间各自为政、较少部门沟通、导致机构间的资源割裂，大多数机构拥有的资源都是自投自建，因此资源也只能是自享而无法实现与外界进行资源分享，这必然形成市域内一些资源的闲置，心理服务资源开发整合不够，势必导致城市社会资源的虚掷。

城市心理服务资源开发与整合的目的是实现社会心理服务的功能，经由社会心理服务平台，通过制度、组织和管理对市域内潜在的、隐藏的、分散的、闲置的心理服务资源进行调动、协调、归整，来强化各类资源共有同享，提升城市社会心理服务能力，增强民众对国家、社会的认同感与向心力。

由此可见，市域社会心理服务资源的开发与整合能提高社会心理服务能力。社会心理服务资源的有效利用，能发现开发隐性资源、调动挖掘隐藏资源、汇总汇聚分散资源、协调归置闲置资源，大大增加可利用的资源种类及各种资源的利用率，当社会心理服务在面对诸多社会心理问题时，有条件和能力更好地关注与解决，促进社会心理服务能力提升，保证社会心理服务的顺利开展。

市域社会心理服务资源的开发与整合能增强民众对城市的认同感与向心力。社会心理服务资源开发与整合的切实开展，各种资源的“群”策“群”力，能帮助改善社会心理环境、丰富心理服务可用资源、支持民众的多样需求、助力民众良好社会心态形成，使民众有更多的获得感与满意度，由此促进民众的社会认同，增加凝聚力。

2. 资源开发与整合的措施

社会心理服务的开展离不开各种资源的支持，主要分为人力资源和物力资源（包括信息资源）两大类。人力资源是社会心理服务的核心资源，物力资源是社会心理服务的基础资源或支撑资源。

（1）人力资源

人力资源的核心是人才，人才的核心是专业素养，因此人才是具备专门素质并能开展创造性工作的劳动者。可以说人力资源是社会心理服务的第一资源和核心资源，社会心理服务平台亟需人才，包括业务人员和管理人员。由于社会心理问题的复杂性，社会心理服务的业务人员队伍可从心理学者、精神科医护人员、心理咨询与治疗师、相关专业背景的研究生与社会工作者中配备，同时社会心理服务平台的正常运转还要有管理人员的工作，这部分人员可以从政府机关调配或社会招聘。

社会心理服务平台需要一支相对稳定的队伍，特别是平台的核心业务人员；当然也可以有少量流动人员配合开展工作。各级各类学校的心理老师、精神科医护人员、有从业经验的心理咨询治疗师等可组成社会心理服务所需的专业固定人才队伍；具有心理学、社会学、管理学等相关知识背景的社会工作者及本科高年级学生或研究生可作为社会心理服务所需的流动人员队伍；让更多有志于、有力于此项工作的人加入其中，仿佛构筑起一道流动的社会心理服务长城。除此之外，固定业务队伍还需要定期对流动队伍进行培训，流动队伍不断向固定队伍反馈民众的需求和现状，相得益彰共同提升服务技能和素养。

社会心理服务平台管理人员的来源也有多条路径，既可以从政府机关遴派选调，也不妨向外界公开招聘。管理人员的工作主要负责平台的日常行政事务、平台人员协调、各种工作的管理等相关事宜。做好平台的日常服务工作，如工作开展的管理及后勤保障、不同人员与队伍的工作协调、平台各项工作的资料归档与考核管理等，以保持社会心理服务平台各项工作正常开展。管理人员也要建立考核制度，还要学习管理业务知识及社会心理服务的专业知识以提供更专业高效的管理（表 4-1）。

（2）物力资源

物力资源是进行社会心理服务过程中必要的资金、场地、装备、办公用品等。其中场地设备是开展服务的前提和基础，起掣肘作用的是资金。

表4-1　社会心理服务人力资源开发与整合

人力资源	组织协调的对象	资源利用
政府部门党群机关	政法委（综治办）	成立社会心理服务平台领导小组，制定政策法规，提供或保障经费到位，组织协调各部门工作
	民政部门	作为平台领导小组成员单位，提供资金支持，活动支持
	卫生部门 教育部门	作为平台领导小组成员单位，提供心理保健、心理素质提升的政策法规与专业支持，建立平台的下级服务点
	妇联组织、团委、工会等	作为平台领导小组成员单位，提供资金支持，活动支持，人员支持
街道社区居委会	工作人员	作为平台工作人员，协助平台心理服务总策划，调查摸排情况，协调各资源协助落实所有工作
社区所属企事业单位	学校（各级各类学校心理教师）	作为平台业务核心人员，提供专业的社会心理服务
	医院（精神科、心理科医生）	作为平台业务核心人员，提供心理或精神疾病的治疗，提供专业的社会心理服务
	热心于公共事务的企业	协助社会心理服务工作，提供物力、场所的支持
民间社会组织	社工组织	作为固定与流动的业务人员，有相关知识背景的人员等同于学校资源运用，且在时间上比企事业单位人员更具灵活性
	志愿者团体及其他民间组织	可与社工组织资源一样运用
社区居民	心理、教育专家学者	作为核心业务人员，参与心理服务，担任专题讲师
	热心人士	参与活动，提供人力上的赞助
	老年群体	参与活动与宣传，了解居民心理需求

资金：社会心理服务开展的必要条件，没有足够的资金支持，社会心理服务就没有保障。资金主要用于社会心理服务所需的场地设备、活动开展、

人员津贴等。如何获取资金？社会心理服务是一种社会公共服务，具备公益性质，因此社会心理服务体系建设及服务活动所需资金无法靠盈利所得，主要还是依赖政府配套来解决。在本章“社会心理服务的平台建设”中已述，社会心理服务发展所需经费主要由政府给平台拨付进行专项支持。但支持社会心理服务正常运转和长期发展所需的资金数额不菲，需要多方筹措资金。社会心理服务的经费支持可从多渠道获得：政府拨付、民间投入、单位购买、社会捐赠等。政府补贴是社会心理服务体系建设的重要支柱，平台的建设运转和维护、社会组织的服务项目购买都需要较大的经费支持，这主要靠政府预算、专项列支等来实现。民间投入是民营企业或个人资本投入心理服务行业，如注册心理服务机构、心理服务工作室，把人生全程的心理服务及婚姻家庭学习职业等事件的心理服务纳入其中，从一个人、一个家庭、一个单位、一个学校的心理服务做起，为整个社会心态及心理素质的提升奠定坚实的基础。单位购买是有心理服务需求的单位或部门购买平台的社会心理服务，以单位员工福利的形式在工会进行支出或以单位员工提升、发展、继续教育等形式在人力资源部门进行开支。社会捐赠是政府、社会、各界人士对社会心理服务平台自愿无偿地进行资金或者物资的捐助，帮助社会心理服务这一社会公共服务事业的顺利开展。除了以上途径，城市将一些心理服务项目纳入医保是未来发展的趋势。2016 年 10 月，北京市海淀区将心理咨询服务纳入医保，这在我国尚属首次，开创了心理咨询进医保的先河；2018 年 9 月，深圳市心理咨询也正式纳入医保支付项目。随着国家发展及社会需求，将心理服务纳入医保在全国铺开亦是指日可待。将心理服务纳入医保后，心理服务的花费可由政府、单位、个人三方共同承担，既增加了社会心理服务经费来源路径，又缓解了政府、单位及个人为此支出的经济压力，特别是有助个人形成心理健康的消费习惯，对全民心理素质的提升功不可没。

场地：社会心理服务活动所需的空间、场所，这是社会心理服务开展的基础。在本章图 4-2“城市社会心理服务平台体系”中涉及在市级社会心理服务平台下设各区县、街道及村的社会心理服务分中心或社会心理服务站，这些服务机构要有专门的场所，可以选择在城市社区内单设心理服务机构，也可以选择在城市各社区综治办内设社会心理服务中心，具体要结合各地的实际情况而定。有了固定、安全安静的社会心理服务场地，下一步要实现社会心理服务的功能分区，一个功能齐全的社会心理服务机构要有综合办公区域、智库办公区域（为政府决策提供支持）、资料宣传陈列区域、社会心理监控区域（测量与数据中心）、社会心理干预区域（心理咨询室、团体辅导室、矛盾调解室、身心放松室）等。

专业设备：由于人心理的内在性、隐蔽性及潜在性，决定了人们对心理的认知具有间接性和复杂性，需要专门的心理软硬件设备帮助人们准备把握民众的心理，同时大规模的社会心态摸排与掌握也可以在大数据及智能技术中得以实现。因此专业设备也是做好社会心理服务的前提基础。社会心理服务所需的设备因功能不同而不同。社会心理监控室需要安装电脑以及相关测试软件、系统及智能设备，才能全面有效地开展社会心态的测量监控；社会心理干预区域要配置沙盘、生物反馈仪、团体活动工具箱、催眠椅、宣泄墙、各式发泄玩偶等有助于个体开放自我、投射内心活动，有诊断或治疗功能的设备。

3. 社区心理服务资源开发与整合的注意事项

基础性与发展性相结合。在开发与整合中要注意把社会心理服务的基础资源与提升资源相结合，共同服务于社会心理服务的体系建设。如社区心理卫生服务、各级各类学校的心理健康与心理咨询服务就属于基础性资源，围绕这些开展的资源开发与整合过程属于基础性的资源整合。但社会心理服务的内容远不止于此，在第一章“社会心理服务的概念辨析”及本章“市域社会心理服务的内容”中已然知晓社会心理服务不能等同于心理健康服务，不能停留在民众的心理卫生水平，更应将目标定位于居民幸福感以及整体心理素质的提升、国家认同及人类命运共同体等方面，因此要把影响这些方面的各种资源进行开发与整合，这属于发展性的资源整合。既脚踏实地地做好基础性社会心理服务工作，又有长远的发展目标指向，在基础性与发展性相结合的指导下进行社会心理服务资源的开发与整合，彰显社会心理服务更强大的功能。

显性与隐性相结合。有一种分类是把社会资源分为显性和隐性两种。显性资源是直接可见、可用的，不管是它存在的方式还是起作用的方式；隐性资源是指资源以隐性的方式存在、难以应用，或资源所起的作用比较缓慢、难以发现。隐性资源的开发与整合包含整体心理素质的提升、社会物质环境的好转、社会道德和价值观念的提升、社会公平与效率的提高、法治思维与法治价值的追求等。由此可见，隐性资源不容忽视，它往往起着潜移默化的影响，在社会心理资源的利用与整合中既要重视显性资源也不能忽略隐性资源，两种资源结合才能发挥社会资源的最大心理服务效能。

共建与共享相结合。资源共建是两个或两个以上机构之间经过合作互补、平等互利的分工协作开展资源建设活动，挖掘新的资源，实现资源的利用效率。资源共享是掌握某资源的机构通过一些平台共享给别的机构，使资源的分配更加合理，让不拥有此资源的其他机构也能对它加以利用，或者是不同机构把自己拥有的资源通过交换互借，实现共享各异的资源。资源共建的目的是资源共享，充分利用和整合社会的各类心理服务资源，需要进行资源共建与资源共享，提高社会心理服务资源的开发利用水平。

五、市域社会心理服务主体的路径选择

1. 明确社会心理服务的责任主体

为保证社会心理服务的有效开展与顺利发展，当前我国各地的试点社会心理服务实践工作大体上都是按照“党政领导、政法牵头、卫健为主、部门

联动、社会参与”[1]的模式推动，以上各责任主体各自明确职责、上下联动相互协作、部门沟通共同配合，协同推进社会治理的这一创新工作。以上党政、政法、卫健及其他要配合的不少部门都是党政职能机构，可以说社会心理服务体系离不开党和政府及相关政策的扶持，各级党政部门既是社会心理服务建设的管理者，又是社会心理服务发展过程的监督者，为社会心理服务保驾护航。

因此，身兼多重角色的党政部门首先要承担起社会心理服务的领导角色并负起相应责任，在文件政策制定、体制机制建设、上下部门联动、过程保障监督等方面主动作为，努力推进社会心理服务体系的发展。

其次要激发公务员的带头担当和表率作用，党政机关公务员要切实转变服务理念，树立起为“国家公共事务服务”的职责意识，提升个体的责任担当，在公务活动中体现服务性和公仆性，与社会心理服务有关的公务人员还要促进自身相关服务理论素养和服务实践能力的提升，才能为民众提供专业的服务。

最后，政府主动加强政企合作。社会心理服务的性质与内容决定了需要多方力量的参与，有社会心理服务资质的企业是一股重要的社会力量。而政府在与企业的合作中有独特的优势，可为社会心理服务平台制定政策、创造条件、吸引和鼓励社会企业和机构加入社会心理服务平台，在引入社会力量的同时也引入社会竞争机制，激发他们为社会心理服务不断创新并提供更加优质的服务。政府要加强对资质企业的质量监督，保障社会心理服务市场的有序性。

社会各界在社会治理中所处的地位、发挥的作用各不相同，党委是领导主体、起领导作用，政府是主导主体负责具体组织实施，社会组织和居民是参与主体、起协同的重要作用。关于社会组织对社会心理服务的认知本书将在第五章中再详述。

---

[1] 加强社会心理服务体系建设 促进社会治理共建共治共享 [OL]. https：//www.sohu.com/a/284509544_100020910.

2. 提升主体的社会心理服务理念

(1)树立党和政府现代化的社会治理理念

从社会管理到社会治理，改变的不只是一个字，而是从理念到本质、从内容到方法、从过程到结果的巨大变革。各级党和政府的领导人及工作人员要及时转变观念、学习社会治理新理念、才能在社会治理创新的大潮中大有作为，实现社会治理现代化。习近平同志指出：创新社会治理，需要立足于满足最广大人民群众的基本需求和维护其根本利益，竭尽全力增加社会和谐因素。[1] 现代化的社会治理，关键在体制创新，核心是人，唯有人与人和谐融洽，社会才能安稳有序。[2] 正确理解习近平同志关于社会治理的论述，站在国家治理高度及基层社会治理创新的角度来看待市域社会心理服务，能高屋建瓴、知其然也知其所以然，从而增强社会心理服务的自觉性、主动性，有助于社会心理服务的开展。

社会心理服务本质上是社会治理精细化的一种模式，是以“人民为中心”的社会治理的一种价值追求。因此社会心理服务的开展能帮助基层社会治理主体提高他们的社会治理能力，促成由心而治的“善治”。善治是人类社会治理的最佳状态和最有效方式，走向善治是新时代中国社会治理的必然取向。社会治理的党政工作人员这一主体的心理素质、价值观念、信念信仰等内生的心理学问题可以在社会心理的研究中获得回应，有效助力于开创以善治为导向的社会治理格局。

首先，党政领导者要提高自身修养与能力。社会心理服务是一项涉及多个专业、牵涉多部门协同、且效果显现较慢的长期复杂工作，需要有专业意识、坚定信念、高瞻远瞩、包容并蓄、胸怀格局的人，这样的领导者在工作

---

❶ 中共中央文献研究室 . 十八大以来重要文献选编（上）[M]. 北京：中央文献出版社，2014.

❷ 习近平 . 论坚持全面深化改革 [M]. 北京：中央文献出版社，2018.

中才会不断钻研、不断创新，为民为公做好这项工作并坚持不懈、调度有方；党政领导者还要注重自身能力和心理素质的提升，具备决策能力、协调能力、心理学思维较强的领导更能胜任此项工作，同时自身有良好的心理素质和心理健康水平，才能为自己缓压增效，为别人排忧解困。

其次，党政工作人员要加强过程培训和考核。特别是涉及社会心理服务的工作人员，一是要具备一些心理学常识，学习并更新自己的知识储备，提升从事该项工作的管理能力；二是要增强服务意识，社会心理服务是一项社会公共服务事业，从业的工作人员需要加强对它的意义认识，由此增加工作的积极性与主动性；三是要耐心细心，了解民意民情，捕捉民心民态，协助专业人员做好服务工作。这些知识、能力和态度的获得，要经过培训和考核来实现，通过社会心理服务的过程培训、考核和评价，提高工作者的专业和职业素养、工作和服务效能，通过主体人员的素质提升促进我国市域社会心理服务的发展。

（2）普及民众对社会心理服务的认知

社会心理服务要有成效，要让民众认识和接受社会心理服务，这就要提高社会心理服务在民众中的认知度，使民众对社会心理服务具备正确的观念。

首先，要提升民众的整体文化素质。文化素质决定了思维开阔与思维理性的与否，全体国民文化素质的提升是民众认识和接受社会心理服务的前提和基础。文化素质决定了人们对新思想新事物的开放包容程度，文化素质越高，越追求良好的生活环境，越追求高素质的美好生活，对助力于“善治”的社会心理服务有天然的认同。

其次，要对社会心理服务工作进行专门宣传，普及民众对社会心理服务的认知。如精心设计宣传内容，对不同层次、不同需求的人群进行契合其心理特征的宣传，消除人们对社会心理服务特别是心理健康服务的偏见。认识到心理健康服务不是针对病态的服务，它能调动人的积极性、挖掘人的潜能、实现人更好地生存与发展，社会心理服务既有助于个人、家庭及群体心理问题的预防与解决，更是为了理性平和的社会心态、自觉积极的国家认同。

还要利用多样化、现代化的手段进行宣传。针对受众的特征以“入脑入心”的形式进行宣传，例如：对在校生“寄宣于赛”，通过紧张活泼的知识竞赛的方式实现各级各类学生对社会心理服务知识的学习与认同；对老年人“寄宣于乐”，通过知识理念宣传与老年人喜爱的文娱活动相融合的形式，在喜闻乐见中受到熏陶感染，在不知不觉中学习认同；对众多职场人士“寄宣于岗”，把社会心理服务的宣传嵌入各岗位的工作内容与职责中，使职场人士在提高工作效率与效果的切身体会中学习认同。

再次，要科学耐心地开展社会心理服务工作，让民众在利好中接受和助力社会心理服务。社会心理服务现实中开展得如何、到底有没有效果，这是让民众认同接纳的最具说服力的证据，因此社会心理服务的开展要秉持科学的方法、耐心的态度才能获得有效的结果。当社会心理服务的效果能看见、能体认时，就会激发出人们主动探索去发现它的价值与意义，并有可能去维护，以享受社会心理服务带来的成果。

3. 提高专业队伍的社会心理服务能力

社会组织和专家学者是社会治理的主体，在社会心理服务这个新生事物和专业活动中，有专业背景的社会组织及专家学者成为最重要的业务人员及不可或缺的专业队伍。因此这支队伍的专业能力如何最终决定社会心理服务的效果及发展的可能。

（1）加强理论研究，实现社会心理服务的科学化

马克思说：“理论在一个国家实现的程度，取决于这个理论满足国家需要的程度。”[1]早在20世纪中期，美国心理学界就提出心理学领域的研究必须关注人类福祉，以助力人类的发展进步和文明为己任。社会心理服务是一个发展中的事业，基于当下如火如荼的社会建设现实，心理科学研究需要主动

---

[1] 中共中央马克思恩格斯列宁斯大林著作编译局．马克思恩格斯选集：第1～4卷[M]. 北京：人民出版社，1995.

对接社会治理中出现的心理学问题。“面向广阔社会，深入细微生活，大力发展应用心理学的研究，是未来心理学的生命力和方向。”[1]可喜的是，当前我国一部分心理学者也悄然开始了切合社会需求为转向的研究；国内心理学者们对心理卫生、社会心态、社会认同、社会适应、社会群体事件的心理规律、心理急救等积累了大量经验，探索了不同时间、环境、他人影响下人们的心理特征和一些变化规律。这可以使我们遵循心理发生发展规律，科学引导社会心态，改良个体、群体的社会行为，增进人民的认同感和幸福感，维护社会安定和谐。

20 世纪 80 年代以来，心理学的研究成果影响了美国公共健康政策、司法政策、环境保护政策以及社会保障政策的制定[2]。在众多为政府提供决策服务的机构（如美国兰德公司、ISR 社会调查研究所、英国战略情报研究中心等）中，心理学家都占有相当大的比例。社会心理服务是一个新生事物，是一项专业性、技能性很强的工作，它有多学科的知识背景和适用规律。研究机构及心理学工作者要坚持进行本土化的学术研究，要意识到学术研究不是空中楼阁，需要接地气，研究既来自实践又回归实践，既来自社会需求又要回应社会需求。

在社会心理服务的语境下，科学研究需要从以下三个方面发力：社会心理服务的目标定位、社会心理服务的研究方法和社会心理服务的研究内容。

第一，研究目标定位。

在本章开篇笔者已论述了学界对社会心理服务的定位之争，这种争论让人们对社会心理服务的本真有了更深的理解，也指导着社会心理服务的实践，而且这种本质的争论在今后相当长的一段时间里还将与社会心理服务的实践并行共存。

社会心理服务的目标定位应体现出它能创新社会治理，满足社会需求，

---

❶ 燕国材 . 中国心理学的过去、现在和未来 [J]. 心理学探新，2006（3）：7-9.

❷ 郑蕊，周洁，陈雪峰，等 . 研究社会行为推进社会管理创新 [J]. 中国科学院院刊，2012（1）：24-30.

促进社会发展。服务目标的具体设定应体现出以下三个方面：一是以促进社会进步为核心。通过社会心理服务逐步改良社会心态、和谐社会氛围，提升社会治理的效果，助力人们对美好生活的追求，这是社会心理服务最终的价值体现。二是以创新社会治理方式为轴线。社会心理服务注重人文关怀、运用柔性方式使服务过程细节化，服务手段科学化，服务空间纵深化，以实现社会治理的路径创新。三要注重发展性目标的建设。社会心理服务应借鉴积极心理学的思想，注重发展性目标，增强社会治理的主客体的自我调节、自我成长的能力。

第二，创新研究方法。

目前我国对心理学的研究方法虽然有不少，但常用、适用并擅长于实践的并不多。因此，社会心理服务的专家学者还应多钻研理论方法，并将各种方法灵活运用于实践中。当今心理学前沿学术流行在实验室进行认知心理和神经生理研究，与人们所期望的社会实践效度相去甚远，如同阳春白雪风花雪月一样高深难懂、遥不可及，因此提倡在社会心理服务的学理研究中要有社会实践的问题意识，以解决问题为目标，以此在以实证主义为中心的心理学传统研究方法中获取一席之地。“没有什么比严谨的、经过精心构想的以社会问题为关注导向的研究更具有实践性”[1]，以解决问题为宗旨使得包括深度访谈、文本分析、叙事研究、建构原则、扎根理论等在内的大量质化研究方法纳入社会心理的研究与服务方法体系，促使社会心理研究回归社会现实生活世界。

第三，规范研究内容。

一是研究不同层级的社会心理、社会行为，研究社会治理的心理影响与心理问题，揭示社会心理与行为发生、发展、变化的特点与趋势。不同层面的社会心理问题在当今社会日益凸显，对它们的研究显得尤为必要。如：个体层面的自我意识与宗教信仰、工作态度、侵犯行为；群体层面的人际冲突

---

[1] 杨莉萍，D.D 珀金斯．中国大陆社区心理学发展的现状、困难与机遇 [J]. 华东师范大学学报（教育科学版），2012（2）：48-56.

与人际合作、集群行为、群体认同心理、公共事件、公民参与；网络世界的人际关系、谣言、网络舆情、网络危机、网上群体极化；社会层面的突发危机事件、社会认同、文化认同、国家认同、人类命运认同等。其中又包括社会转型期的各种社会心理问题，转型所带来的社会冲突与社会问题一方面为心理学研究者提供了空前的研究素材和机会，如流动性与当代中国社会、新发展理念与健康社会、社会决策与道德行为、变迁中的社会心理与适应等，另一方面也对心理学的研究与发展构成新的挑战。此外，研究还应涵盖社会公共政策与服务的公平。如社会的利益表达渠道及疏通、公共权力运行过程及透明，政府的公共性功能发挥、公众传播的心理影响等。

二是研究社会心理与社会行为的测评工具。通过科学的测评方法客观准确地分析社会各个层面的心理现象及社会治理的行为表现，为心理预测、治理对策提供依据。目前的测评工具多借鉴国外，或对国外测评工具进行个别因素与项目进行适应性微调，鲜有我国自创的社会心理与行为测评问卷。在社会心理与行为测量上的吸收和效仿，对于我国社会心理服务理论与实践工作的起步和开创是必需的，但原创性本土化的测评工具的缺位显然不利于我国社会心理服务的发展，心理学者在测评工具的研发上需要加强本土化研究与创新。

三是进行社会心态和社会影响的监测、调节和引导，控制社会心理及社会行为的发展变化，为社会治理提供信息和支撑。在发现规律、科学预测的基础上研究如何监测社会情绪、社会舆论，调节社会心态，引导群体思维、网络舆情，甚至控制群体极化，使社会心理与行为的方向、速度符合社会现实生活的需要。

总之，理论研究要遵行社会心理服务系统本身发展的规律，充分考虑中国的文化传统、国情现状、民族心理，通过本土化的研究工作，努力建设科学的、系统的、中国化的社会心理服务理论。

同时心理学工作者也要意识到服务社会是一名学者专业成长的重要路径，在实践中发现研究课题，在研究中修正实践价值。我国已迈步在社会主义建设的新时代，心理学术研究要向社会实践进军，切实关注人民对美好生活的需要，把握时代律动与发展主题，抓住民众的本土心理、民族文化心理及时代心理的特点，密切关注民众在社会急剧变迁与转型过程中产生的重大社会心理现象和心理问题，重视社会心理、社区心理、公民参与等的理论建设与应用研究，积极探索出一条社会心理研究为社会发展、民众幸福做贡献的有效途径。

（2）发展相关学科群，实现社会心理服务的体系化

社会心理服务的学科归属问题尚未形成公认，似乎游走于心理学、管理学、社会学等学科的边缘。目前学术界对其研究较多的是心理学，可以说社会心理服务的理论实践与心理学的关系最为密切。社会心理服务的实践过程，实际上亦是对心理学的学科发展进行不断反思的过程。[1]社会心理服务的科学发展与建设绝不只是心理健康、社会心理学的事情，也不只是社会心理服务研究者和平台工作者的事情，它离不开心理学分支学科及与社会治理相关的学科群，同为社会心理服务贡献学科智慧。

不管是社会治理还是其麾下的社会心理服务，工作主体和客体都是人，逃不脱人的心理影响，因此社会心理服务过程和方法的科学化、结果的有效化需要心理学及其有关分支学科的支撑。经过几十年的稳定发展，心理学在我国已经形成多个分支，按国家标准《学科分类与代码》（GB/T 13745-2009）心理学一级学科下有 17 个二级学科，有些二级学科下又设置了不少三级学科。同时有些一级或二级学科下也设置了心理学的三级分支，如工程与技术科学下有二级学科工程心理学，安全心理学三级学科属于安全科学技术一级学科下的安全人体学二级学科，心理学科越来越枝繁叶茂，为社会治理及社会心理服务提供了科学的理论支撑及方法路径。另外心理学是一门自然科学与社会科学的交叉学科，心理学研究可分为基础研究和应用研究两大领域，应用研究类的心理学分支学科，如社会心理学、教育心理学、临床与咨询心理学、健康心理学、工业心理学、司法心

[1] 吕小康，汪新建 . 中国社会心理服务体系的建设构想 [J]. 心理科学，2018（5）：1026-1029.

理学、军事心理学、政策心理学、网络心理学等都将是社会心理服务发展重要的直接的支持学科。

但目前应用研究类的心理学分支如健康心理学、文化心理学和社会心理学等或多或少存在不适应当前社会治理需求、无法更好发挥功能等问题，例如，健康心理学科主要应用于对精神类重疾的治疗，重点在“治”，在社会治理语境下，应把重心前移，重在“防”。沿袭以往的研究惯例，社会心理学俗成于小场域、小群体、小效应的研究，对全局的社会心态、社会思潮、人类认同等的研究、掌握和建构还很不够，因此削弱了其社会影响力。[1]

因此，心理学学科的发展需要“对内融合、对外扩张”，利用一切有利于社会治理的学科因素。首先，注重学科内的交叉融合。深入发展社会心理学、积极心理学、文化心理学等相关学科，将这些学科立足于新时代创新社会治理的大环境下，挖掘和发展有助于提升社会治理能力、积极社会心态培育的学科理论，进一步提升这些学科理论对现实的预见性、指导性和解释力，为构建和谐人际、健康中国、平安社会提供学科智慧。

其次，提高心理学分支学科理论的社会实践性。既要埋头拉车也要抬头看路，学科发展要适应社会发展、对应社会需求。摆脱心理学学科小众化，让心理研究走向大众化做成大格局，让心理学助力社会治理深入人心，在社会建设中有广泛的应用前景。

再次，扩大学科外沿。目前心理学领域的专家学者对社会心理服务建设的研究热情较大，但社会心理服务到底归属于哪个学科体系尚未形成共识，因此社会心理服务理论与实践的发展需要除心理学外其他相关学科的支撑，如文化学、社会学、应急管理等，即拓宽心理学学科群的范围，将社会治理相关学科纳入社会心理服务的学科群，发掘它们的社会治理因素，建立有中国特色的社会心理服务学科体系，以满足实现现代化社会治

---

[1] 吕小康，汪新建．中国社会心理服务体系的建设构想 [J]. 心理科学，2018（5）：1026-1029.

理的需要。

（3）培育人才队伍，实现社会心理服务的专业化

社会心理服务体系建设是社会治理的创新，社会治理需要这种创新驱动来引领发展，而创新驱动关键在人才，因此要充分认识到人才队伍对社会心理服务科学发展的重要性。虽然我国目前已经积累了一定规模的心理学专业人才队伍，但并不完全切合社会心理服务的实践需求，因此，要将人才队伍建设放在工作首位，打造一支我国社会心理服务发展需要的高素质、专业化人才队伍。

首先，组建和培育一支社会心理服务的专业队伍，一是吸纳市域范围内各级各类学校及科研院所从事心理学工作或有心理学专业背景的人员，以及社会组织的心理学人员，组建成专业化、专家化，理论与实践结合的社会心理服务人才队伍；二是在各高等院校的心理学、临床心理学的本、硕、博阶段新设社会心理服务方向的学历教育，培养造就一批社会心理服务专业人员。通过学院化的规范系统教育，突出以公共心理实务为主导的培养方向，培养一支年轻化、专业化、实践化的新生人才力量。由此形成集科研、教育、服务、医疗、咨询等为一体的综合型人才团队。

其次，组建一支具有专业特点的服务人才队伍。这支队伍需具备公共社会服务能力，同时还要有一定的专业基础，主要从事社会心理服务平台的行政岗位工作及日常的初步社会心理服务筛查统计识别工作。如掌握社会心理服务的相关理念和伦理，掌握基本的发展心理、教育心理、心理咨询等相关知识，具备心理问卷测评、心理健康评判的基本技能。这支服务队伍做好专业服务的辅助工作，做好平台运转的维护工作，同时也可作为社会心理服务专业人才的储备力量进行培养。

最后，邀请国内外专家组成一支培训队伍。社会心理服务事业具有新生性与开创性，社会心理服务的可持续发展还需要对从业人员不断进行理念、知识与技能的传授与更新，这支队伍可由国内外相关学科理论和实践专家组成、特别是专门从事社会治理或社会心理服务研究的专家组成，平台的主管部门定期邀请他们为本市社会心理服务人员提供前沿、专业、科学的培训，以满足社会心理服务实践发展所需。

4. 规范社会心理服务的内容与领域

（1）社会心理服务的内容以积极心态为核心、心理健康为基础、精神重疾为兜底

“上医治国，中医治人，下医治病”是古人对医者医术的境界划分，社会心理服务亦同此理，要囊括从治病到治人到治国的全内容，实现普遍性及特殊性心理问题的全覆盖，完成预防、干预、治疗的三级体系。因此社会心理服务平台的工作内容应以积极心态为核心，以心理健康为基础，以精神重疾为兜底。

党的十八大提出，要培育人民自尊自信、理性平和、积极向上的社会心态，很显然这种社会心态的培育是针对全体国民的。这一纲领方针为现实中的社会心理服务指明了发展方向，良好积极社会心态的培育理应成为社会心理服务的核心。人们社会心态的形成无一不是人们与现实世界相互作用的结果，均逃不脱社会的烙印，反映的是群体和社会的“意见”“信仰”“观念”乃至“价值观”。它体现了当前一段时期社会现实的“晴雨表”和社会发展的“风向标”，社会心态不仅是社会发展的结果印刻，更是社会发展的影响力量。因此社会心理服务应把重点放在整个社会已然面临的或可能面临的一般性、群体性、涌现性的社会心态上，而不局限于个体或少数人的心理健康与精神疾病。具体来说，社会心理服务应着眼于纠偏失范的社会价值观，调整非理性的社会情绪，助力社会信任体系发展，努力提升社会全体民众的获得感；还应着眼于运用技术手段进行社会心态监测、剖析研判、评估警示；还应采取专业的措施来引导、调节和控制社会心态发展变化的速度、方向，使之符合社会发展的需要。

心理健康问题是人们的正常心理中存在的一些异常状态，注意只是异常状态还没到心理异常的程度，如认知不合理、情绪消极、意志消沉、适应性下降以及焦虑恐慌、自恋攻击、反社会心理等，处在心理正常与异常的中间地带。目前我国正处于社会转型期，矛盾多发，心理不健康的人也在增多，心理健康是一个人社会适应的基础，确实是急需解决的社会问题。但社会心理服务不只是纯粹的“治病救人”，还应有更广的视野和更高的格局，因为心理健康问题不仅会造成个体的痛苦，任其发展极易酿成极端事件，甚至演变为引燃社会与家庭风险的引爆点。因此把心理健康工作作为社会心理服务的基础性工作是正确选择，再加上前面论及的教育系统及公务员系统的心理健康教育已开展良久，颇有成效，心理健康也越来越受到人们的重视，给社会心理服务的开展奠定了良好的社会条件。

精神疾病患者的自我危害及对他人、社会危害的存在，对其预防、治疗及康复是精神卫生的重要内容，更是社会心理服务的兜底工作。这要求平台的管理体系指导各级医疗机构做到：一是实现服务对接，配合街道社区、公安、民政等部门做好严重精神疾病的日常发现、危险评估、服药指导工作；二是对病情严重或不稳定患者及情绪不稳定的家属实施个案管理与指导，进行心理支持与辅导，对精神疾病患者在治疗及康复时期均应加强心理支持，以助患者从“心”开始，实现有效治疗；三是盘活城市社区资源，真正落实民政部多部门下发的《关于加快精神障碍社区康复服务的意见》精神，指导协助开办多种形式的精神重疾患者社区康复机构。[1]

（2）在教育与公务员系统内助推实践落地是社会心理服务开展的重要领域，以此辐射企事业单位及社区

各级各类在校学生的心理健康问题，在我国一向颇受重视，有一系列政策和配套措施来进行指导和规范，从20世纪末期的全国《关于进一步加强和改进学校德育工作的若干意见》，到2012年《中小学心理健康教育指导纲要（修订版）》，再到2018年7月的《高等学校学生心理健康教育指导纲要》，逐步对各级各类学校心理健康工作提出了科学的目标与指导要求。由于教育系统内部的全人培养工作目标及管理模式，心理健康教育在各级各类学校都

---

[1] 国卫疾控发[2018]44号：关于印发全国社会心理服务体系建设试点工作方案的通知[Z].[2018-11-19].

在有序开展，已然形成了独具中国特色的教育内容，成为最成气候的社会心理服务的落地领域，且随着时代的发展，渐入佳境。但除了一线城市学校及大部分高校的心理健康教育的覆盖面、效果能较好地保证之外，其他地区中小学及学前教育、特教机构的心理健康教育的发展进程仍困难重重。社会心理服务平台在进校园的心理服务过程中需要有意识地指导学校加强以下方面的建设：一是心理健康教育目标实现全面性，不能仅限于校园平安没风险事件发生，还应着眼于学生整体素质提升与积极心态培育，助推基层社会治理的成效；二是心理健康教育的师资实现全员性，建立以专职心理教师为核心进行专门的心理健康教育及心理咨询工作，以各班班主任和科目老师为骨干在班级管理与课程教学中渗透心理健康理念，全体教职员工共同参与营造良好的心理环境与氛围的全员性教师队伍；三是实现心理健康教育对象的针对性，及时了解遭受欺凌、校园暴力、家庭暴力、性侵犯以及沾染毒品等学生的情况，对学生有可能出现的问题，应提供主动的心理创伤干预；四是以学校为依托开办家长课堂，提升家长心理素质及家教能力，给孩子成长以积极的榜样示范及心理感染。

公务员系统和教育系统一样有组织结构完善、信息传递通畅等特点，再加上党的十八大之后，中央不断加大机构改革及廉洁要求的力度，对公务员的思想、政治、能力等方面提出了更高要求，这些都成为社会心理服务实践落地的重要及有效领域。大量调研成果表明公务员总体心理状况良好，但是依然存在相当比例的职业心理问题，如职业倦怠、自我效能感低，有些公务员也存在一般人群的心理问题，如性格心态不良，耐挫能力较弱，内心失调严重等，两者叠加成为公务员难以承受之重，甚至出现精神崩溃、自杀行为。但这些多数属于成长与成熟、情感与事业等发展性问题。因此公务员系统的社会心理服务要注意以下内容：一是服务目的，既要使公务员学习掌握心理调适方法、塑造健康心态，又要提高公务员整体心理素质、切实培养解决问题的工作能力；二是服务内容，可依据《国家公务员通用能力标准框架》来确定心理服务内容，像心理调适能力、应急事件管理能力、人际与部门的沟通协调能力、工作创新能力等都应成为社会心理服务的相关内容；三是服务形式，通过向社会心理服务平台购买服务的形式提供科普宣传及专项心理服务，通过团体心理培训模式助推公务员心理素质的普遍提升；四是根据行业特点，在公安、司法、信访等部门设立心理服务场所，进行社区矫正、司法救助、信访接待、戒毒康复等特殊人群的心理沟通与心理干预工作，同时对系统内工作人员及其工作对象进行服务。

社会心理服务作为基层社会治理的有效方式，除了开展得比较早比较好的教育及公务员系统外，还需要以此为依托，把服务辐射至厂矿、企事业单位、新经济组织及社区：一是服务目的，主要在于提升员工居民的心理健康意识，掌握常见心理行为问题的识别及自我心理调适的一般方法；开发职场人士的潜能，实现职业生涯规划与发展的能力。二是服务内容，要重视心理知识的宣传、心理健康意识的形成、进行心理评估、职场人际关系与情绪调节、工作潜能开发等。三是服务途径，可以是政府或单位购买平台服务、或平台专业人员提供免费服务的形式，为员工、社区居民提供心理服务工作。

第五章
市域社会心理服务的社会力量

通过前面几章的论述，我们已经有这样的概念，我国社会心理服务的市域发展有一个共性，即党政部门如政法委、卫健委、民政局等是主导部门，它们为社会心理服务工作提供政策倾向、资金支持、平台搭建、考核评估。但由于社会心理服务的社会治理功能决定了它是一项多元主体的工作，需要多方社会力量的参与；社会心理服务是一项专业性工作又决定了仅靠党政部门及一般社会力量是不能完全胜任这项工作的，需要有专业背景的社会力量加入，实现"专业的事情交给专业人去做"的理念。各试点城市在社会心理服务的具体执行层面的工作人员主要是医院精神科医生、学校心理专家教师、心理服务的企业及有志于心理服务的志愿者等，这些专业人员都是社会力量，他们才是社会心理服务的执行主体。

也就是说，社会心理服务的领导主体是政府，执行主体是专业的社会力量。即除了管理层面，从操作层面来看社会心理服务就是社会力量的社会心理服务；民众所能感受到的社会心理服务实际上就是操作层面上的，也就是社会力量所开展的社会心理服务。但这些专业的社会力量一般情况下不会自动自觉地参与到社会心理服务中去，而是需要作为主导的政府相关部门在政策、经费等方面积极吸引吸纳社会力量的参与，并保障社会力量在社会心理服务中的主体作用的发挥。因此，社会心理服务执行主体的确定及创设条件保障这个主体工作的开展决定着市域社会心理服务开展的效果。

一、社会心理服务与社会力量的关系

1. 社会力量的界定

对社会力量进行界定是件不容易的事情，特别是对其本质进行归纳概括是较难的，因为国家、政体、社会结构的不同对社会力量的理解就会各异。曾经有过对社会力量本质进行描述的定义“社会力量是指在共同的物质生产活动过程中形成的相互关联的个人与集体的总称”[1]，但这种界定并不具体，甚至可以说包罗万象，这种过于宽泛的界定只会让人不知所云。因此作者不主张对社会力量的概念内涵进行概括，而改用具体化及排除法的方式把概念的外延呈现出来，以此来获得对社会力量的理解，就像大部分资料里提及的那样。现阶段，社会力量主要是指各级党政机关之外的社会和各界民众的力量，包括社会组织、社会机构、社会团体、公民等。

社会组织可分为营利性与非营利性两种类型，营利性组织简单地说包括制造业、商贸业、旅游业、交通运输业等；非营利性社会组织包括公益性组织、宗教类组织、文教类组织、环保类组织、消费者权益保护类组织等。

社会团体包括工会、民主党派、青年团体、群众团体、行业协会等，这类社会力量具有巨大的潜能，在社会各领域也发挥着重要的作用。

社会机构也可归入社会组织中，在此特指具有更完善体系结构的教育、科研、医疗等机构。

企业则包括国有以及私营等多种类型，这类社会力量更偏向于营利性，

[1] 贺向东，蔡宝田．中国社会力量办学概论 [M]. 北京：首都师范大学出版社，2000.

也有些具有较强的专业性。

公民个人包括志愿者、社会工作者、社区工作者、心理服务行业爱好者等，也是社会力量的重要组成部分。

社会力量是一个很广的概念，社会心理服务的多元主体之一的社会力量并不是上述所有的社会力量。准确地说，社会心理服务中的社会力量主要是指各级各类学校的心理教师和心理咨询师、心理研究院所的心理学专家学者、心理学会或协会的心理成员、医疗系统的心理或精神科医生护士、企业里的心理从业者、心理志愿者、社会工作者中的婚姻家庭或心理工作者、有志于心理服务的爱好者等。

由此可见，在社会心理服务中社会力量无疑是党政部门力量的重要补充，甚至是社会心理服务执行过程中的主要力量。社会心理服务是我国社会治理创新的一出“重头戏”，要将这个“重头戏”角色演好，就要充分利用社会力量的作用，使其在社会心理服务中扮演好基础性、主体性的作用。其实在社会治理话语下的社会心理服务从产生之初就显示出社会力量的重要性。

2. 社会心理服务与社会力量的基本关系

社会力量开展社会心理服务工作便是指社会力量倚靠社会心理服务平台进行社会心理服务的实践活动。随着社会的进步与发展，“小政府大社会”成为必然的追求、在政府职能简化及社会转型的背景下，社会心理服务成为了加强和创新社会治理的一种新举措，体现了政府向服务职能转化的趋向。社会力量在社会治理中的广泛参与进一步证明了“小政府大社会”的可能。

（1）社会力量是社会心理服务的基础

社会心理服务的社会治理性质及公共社会服务的定位决定了需要社会力量的广泛参与，而社会心理服务的专业性特点则决定了它需要专业社会力量的参与。作为社会心理服务的执行主体，专业的社会力量是做好社会心理服务的基础。如前所述，专业的社会力量来自教育、医疗等各个领域，能对应社会的不同心理需求。充分发挥前述社会力量的专业优势、鼓励和支持他们利用各自所长，积极开展社会心理服务工作以提升社会心理服务的专业水平，有效解决社会情绪、社会冲突、社会矛盾的工作，通过社会力量的专业努力可以引导全体民众养成良好的社会心态。

（2）社会心理服务推动社会力量的发展

社会力量的心理服务能力需要在实践中得到发展，社会心理服务的大量需求恰好给社会力量的发挥带来了广阔的空间和可期的前景。参与社会心理服务可以有效扩展社会力量的业务范围，为社会力量的发展创造难得的机遇；可以有助于社会力量经历社会心理服务实践的洗礼和检验，实现自身的专业成长及力量的不断壮大；可以在社会心理服务的成效中实现社会力量的价值，为社会力量的发展提供强大自我发展的动力。目前，国家机构正在进行转变政府职能、深化简政放权的改革，许多公共权力从政府职能中剥离，以充分发挥市场和社会的调节能力。伴随社会心理服务工作在社会治理领域的持续展开，呼唤更多的专业社会力量的加入，也给了社会力量成长与发展更多机会和挑战。

二、市域社会心理服务引入社会力量的现状

江西省赣州市是中央综治办在全国范围内遴选的12个社会心理服务体系建设工作联系点之一，是社会心理服务体系试点城市。赣州市率先成立了社会心理健康协会工作平台、主动对接学界、把专家引进来、带经验走出去，社会心理服务工作及体系建设是卓有成效并因地制宜、独具特色的，在第三章的试点城市经验中已经做了介绍。在这样一个社会心理服务的试点城市，社会力量的参与情况如何呢？社会力量在社会心理服务工作中又会遇有怎样的境遇呢？为此，作者以赣州为调查对象，对社会心理服务的社会力量

进行更深入的剖析。

需要特别强调的是，赣州市建立了社会心理服务平台——社会心理健康服务协会，在平台上从事专业社会心理服务的人员都是前面已述及的那些专业社会力量，所以本次调查中对社会心理服务的现状调查实际就是对社会力量提供的社会心理服务的现状调查，调查结果显示的是社会力量开展的社会心理服务的结果。在本章行文中这个观点将不再赘述。

1. 调查的基本情况

通过自设的访谈提纲和自编的调查问卷两种方式，对江西省赣州市的社会心理服务引入社会力量的现状进行调研，以微知著、以管窥天推知当前我国社会力量在社会心理服务中的现状，有哪些经验及要解决的问题，为今后社会力量更好地开展各种社会心理服务，成为社会心理服务最有效的执行主体提供参考依据。

访谈提纲设置了 9 个问题，内容包括参与社会心理服务的专业社会力量的类型、加入方式、工作内容、工作范围、工作认可度、资源整合情况、政策扶持力度等。自编调查问卷设计了 16 个选择类的封闭式问题和 1 个简答类的开放式问题，内容包括个人基本信息、重要性、普及性、需求性、接受性、满意性、关注性及服务方式等。

赣州市社会力量开展社会心理服务情况的访谈提纲

一、访谈对象：江西省赣州市政法委、综治办、卫健委、教育局、民政局、妇联、社区、各社会组织及社区工作人员。

二、访谈目的：了解社会心理服务体系建设试点城市赣州市的社会心理服务中社会力量这一主体的现状。

三、访谈提纲：

1. 您了解有哪些社会力量在我市进行社会心理服务？

2. 您了解我市社会心理服务有哪些吸引吸纳社会力量的方式？

3. 您了解我市社会力量在哪些地方（单位或群体）开展过社会心理服务？

4. 您了解我市社会力量提供了哪些内容（形式）的社会心理服务？

5. 您了解人们对社会力量参与社会心理服务的认可度怎么样？

6. 您了解社会力量开展社会心理服务的条件是否具备？

7. 您了解我市在鼓励引导社会力量开展社会心理服务工作的政策力度如何？有哪些文件？有哪些需要改进加强的地方？

8. 您了解我市社会心理服务引入社会力量的体制机制是否健全？如有不足，主要问题有哪些？

9. 我市社会力量作为社会心理服务的主体还有什么困境？需要怎样解决？

赣州市社会力量开展社会心理服务的调查

您好！

本课题组要进行“社会力量开展社会心理服务”的调查，诚邀您的参与，您的参与及提供的信息将对我们的课题研究有重要意义。本调查采取不记名的方式进行，请您根据实际情况如实填写，并在相应的选项框内打勾，没有特别注明的均为单选题。非常感谢您的参与！

1. 您的性别？（　　）

A. 男　　B. 女

2. 您的年龄？（　　）

A.30 岁以下　　B.31 ～ 50 岁　　C.51 岁及以上

3. 您的学历？（　　）

A. 中学及以下　　B. 大学本科　　C. 研究生及以上

4. 您目前的职业？（　　）

A. 学生　　B. 在职人员　　C. 自由职业　　D. 其他

5. 您现在的婚姻情况？（　　）

A. 已婚　　B. 未婚　　C. 离异

6. 您认为社会心理服务对我们的生活很重要吗？（　　）

A. 非常重要　B. 重要　C. 不太重要　D. 不重要

7. 您是否接受过社会心理服务？（　　）

A. 接受过　B. 没有

8.（第 7 题做肯定回答的请继续回答第 8 题）您接受过哪些社会心理服务？［多选题］（　　）

A. 心理医生　B. 心理咨询师　C. 社工　D. 志愿者　E. 其他

9. 您关心自己的心理问题吗？（　　）

A. 非常关心　B. 比较关心　C. 不太关心　D. 基本不关心

10. 当您遇到心理问题时，您一般寻求谁的帮助？（　　）

A. 自己　B. 家人　C. 朋友　D. 专业人士　E. 其他

11. 您是否乐于接受社会心理服务？（　　）

A. 乐于接受　B. 比较排斥　C. 其他

12. 您的社区开展过社会心理服务吗？（　　）

A. 有　B. 没有　C. 不知道

13. 你对目前开展的社会心理服务满意吗？（　　）

A. 很满意　B. 比较满意　C. 无所谓　D. 很不满意

14. 您是否愿意接受社会心理服务？（　　）

A. 十分愿意　B. 了解情况后愿意

C. 了解情况后不愿意　D. 不愿意

15. 如果可以的话，您愿意接受谁提供的社会心理服务？（　　）

A. 心理学专业人士　B. 社工人员

C. 心理志愿者　D. 社区干部　E. 其他

16. 您希望获得哪些社会心理服务？（　　）

A. 知识宣传　B. 心理讲座　C. 一对一的心理帮扶

D. 网络心理服务　E. 热线心理服务　F. 其他

17. 您对社会力量开展的社会心理服务有什么意见和建议？

本次访谈及问卷调查对象为赣州市社会心理服务的有关部门、社会组织、社区工作人员及民众，既有社会心理服务主体、也有社会心理服务对象。共访谈52人；共发放2400份调查，其中有效问卷2088份，调查问卷有效率为87%。

2. 访谈结果

(1) 社会力量的组成

赣州市的社会心理服务工作在党政的关心下，在赣州市卫健委、政法委的积极主导及各相关部门的上下联动下，吸引了不少专业社会力量的参与，组成了社会心理服务的专业队伍，为赣州市社会心理服务的试点工作进行了有益的尝试。通过访谈，获取到不少信息，了解具备社会心理服务能力的社会力量的主要构成情况，赣州市社会心理服务平台除了来自政府各相关部门的一部分人员外，社会心理服务专业队伍主要由社会力量组成，包括驻市高校、高职、技工院校、中小学校、特教学校的心理教师，各级医院的精神科、心理科、康复科的医生、护士，企事业单位、社工、志愿者中有心理咨询资质的人员、社区工作者等。

(2) 社会力量的引入方式

目前赣州市以政府为主导的社会心理服务平台主要依靠吸纳专业社会力量组成专业队伍来提供心理服务，吸纳社会力量主要采取以下三种方式：

政府购买的方式。政府运用专项经费购买社会力量的心理服务，再无偿提供给民众，这种政府购买服务的方式能较好地体现从业人员的专业价值和社会价值，而且最好地诠释了社会公共服务的本质，使民众有更多的获得感，这本身能造就民众对国家、社会的认同，增进良好社会心态的形成。在市级社会心理服务平台（赣州市社会心理健康服务协会）下属各区县又设立下一级的社会心理服务平台，组建市级社会心理健康服务协会的下级协会，如同市级协会一样挂靠在各级精神病医院或综合医院的精神科，同时与各级综治中心的“心防”工作有直接联系、各街道或社区也都基本上设有“心防”工作室或者心理服务中心。以上各级工作平台的办公场地均由政府提供，并出资购买各种心态收集与心理测试设备及软件，配备工作所需及工作发展所需的各项条件；购买专业科研院所、心理服务企业进驻平台开展服务工作；购买本地乃至全国心理专家的智力成果提供或指导社会心理服务。如赣州市政府聘请了驻市三所高校（江西理工大学、赣南师范大学、赣南医学院）的心理专家组成的各自社会心理服务团队、赣州梧桐心理咨询服务公司、赣州明慧心理服务公司等企业入驻社会心理服务平台。通过政府购买方式，赣州市社会心理服务的试点工作在如火如荼地开展，并有层次、有计划地在各领域推进和渗透，达到了较好的效果。（政府购买服务的方式在此只做简单介绍，本章“社会力量开展市域社会心理服务的策略”中更详细的介绍。）

社会资本购买服务的方式。各企事业单位（如各级各类学校、各级医院、知名企业）的心理服务中心或人力资源中心有自身工作发展的规划和计划，根据工作需求会有偿邀请知名心理专家、学者等为本单位人员或职员家庭开展职业规划、工作压力、家庭关系或工作潜能开发等项目式的社会心理服务，这必然成为市域社会心理服务的一部分；心理咨询企业也会为社会提供有偿的家庭关系、亲子教育、情商培养等方面的讲座、心理素质提升培训，或提供专题式的服务清单为单位或个人提供订单式服务；还有不少心理学者运用自己所学所长有偿为单位企业或家庭提供特别需求的针对性强的心理服务。以上这些心理服务基本上都是社会资本购买心理服务，而这些提供心理服务的社会力量在自身发展的同时兼顾社会需求与社会责任，有意无意中成为社会心理服务不可忽视的一种存在。

自愿加入的方式。除了上述政府购买和社会购买心理服务的方式之外，也有一些社会机构、心理企业、心理学者及心理服务志愿者愿意主动加入并提供公益社会心理服务，特别是 2020 年新冠肺炎疫情期间，赣州市的各高等院校、高职院校、研究院所、中小学、医院、社工等有心理知识背景及心理工作经验的人都投入抗击疫情的心理援助中，他们无偿付出、不求回报、无怨无悔。

在访谈中作者也了解到，赣州市社会心理服务平台的政府主导部门对吸纳社会力量开展社会心理服务工作仍在探索中，虽然制定了一些政策，但大多是项目制的，暂未建立起持续完善的社会力量引入机制，因此具有临时性和不可持续的特点。

（3）服务资源

通过访谈，了解到赣州市的社会心理服务需求仍在持续增长，社会心理服务的开展需要在财力、物力、人力等多方面充分发挥社会力量及社会资源的作用。

在财力资源上，为落实关于加强社会心理服务体系建设的重要战略精神，赣州市党委和政府高度重视社会心理服务的发展，并且为社会力量开展社会心理服务工作安排了专项资金，积极出台了政府购买社会力量的相关政策，并由市政法委和卫健委负责牵头和抓落实，各相关部门相互配合及联合行动，并且得到各类社会组织、社会团队和公民个人的积极参与。如第三章赣州经验中介绍到的，赣州市的社会心理服务由市、县（市、区）两级财政计划专项建设经费，市本级划拨建设经费 300 万元，县（市、区）划拨建设经费不少于 50 万元，市综治办向赣州市社会心理健康协会注入经费 150 万元，确保了社会心理服务的开展。

但通过访谈也了解到，经费相对不足、经费来源单一仍是赣州市社会心理服务发展过程中一直存在的问题。社会力量开展社会心理服务活动所需的资金基本来于政府，但单靠政府的资金投入还是相对不足。社会心理服务需求多样，不是添置一些设备、组织几场活动就能见效的，它需要持续进行广泛开展才有成效，因此这是一项资金需求量较大的社会公共服务。缺少资金的支持，就像风筝断了线，很难持续开展和纵深推进社会心理服务工作。比如在赣州吉泰社区（赣州市最大的公租房、廉租房住宅小区），由市政府出资，社区与企业签订了心理服务协议，企业派团队进驻了吉泰社区，社会心理服务工作红红火火地开展了一年有余，后来因经费不足，无法续约，该企业从吉泰社区撤出了心理服务。

在物力资源上，市本级及各区县的社会心理平台均配备了不少基本设备与专业软件，社会心理服务的开展得到了基本保证，但也存在专业设备分布不匀的问题。在赣州市下辖的区（县）、街道（乡镇）中，区级、街道比县、乡镇的硬件设施更好，其具有的专业设备更多，心理服务功能更齐全；专业设备相对较少的地方其社会心理服务功能也就相对弱不少。

在人力资源上，高素质专业化的人才队伍不足。赣州市社会心理服务平台中的专业社会力量大多是高校高职的心理专家、各级学校的心理教师、医疗机构的心理医护人员、企业及社会中有心理资质的人员构成，但这其中具有高水平的专家学者和具有丰富实践能力的人非常少，并且这类人往往有自己的本职工作，只能利用工作之余开展社会心理服务。其他大多数人虽然也有心理学的背景或资质，但因自身学识欠缺或者实践能力不足，难以胜任社会心理服务工作。

（4）服务区域

通过访谈了解到，专业社会力量作为社会心理服务的执行主体，他们所提供的服务可以归纳为纵向和横向两个维度。

纵向上，覆盖了市、区、街道、社区四级区域的社会心理服务。作为第一级的赣州市在社会心理服务试点之初就诞生了市级的社会心理健康服务协会作为工作平台，第二级的各区（县）也成立了相应级别的社会心理健康服务协会的县、区分会，第三级的街道（乡镇）设立了社会心理服务中心，与同级综治中心的心防工作区（室）联系，第四级的社区内设有心理咨询室、网格员等能打通最后一公里的基层便民社会心理服务机构与人员。再通过多种形式吸引和鼓励专业社会力量的长期入驻，为社会提供科学可及的心理服务。

在横向上，提供了多头并进的服务。多头并进是指社会心理服务在机关、学校、医院、企业、居民小区、社会福利单位等同时开展，实现了多头并、遍地开花的服务现状。赣州市章贡区每年都给一些机关单位设定不同主题的团体辅导，该区在企事业单位、各级各类学校、居民社区，特别是在信访局、社区矫正中心、敬老院、儿童福利院等都设有心理服务机构，并聘用专业社会力量提供多层次、多主题、多形式的社会心理服务。

但在试点期间，为了增加服务效果的辨识度，社会力量在开展具体的社会心理服务时，服务对象主要是两大块：一是政府机关及国企事业单位，如政府及企事业单位的工作人员、中小学校的学生及家长，他们整体对心理服务的认知度和接纳度也会更高，有效利用可以显现社会心理服务的效果；二是针对问题突出对心理服务需求高的群体，如矛盾纠纷群体、患有心理疾病的群体和主动寻求心理服务的来访者等，由于问题较明显，心理服务较易收到成效。

（5）服务内容

赣州市党政对社会心理服务体系建设的支持力度在社会心理服务试点之初就开始显现，出台了相关政策并理顺管理体制、搭建工作平台、大力鼓励吸引专业力量加入社会心理服务工作，因此赣州市的社会心理服务中社会力量介入得较早、工作开展得较好。

一方面，依托各级社会心理服务平台，社会力量进行了一些常规性心理服务，如常年面向个体群体的心理评估、心理辅导、心理咨询、心理治疗；还有面向群体的心理讲座、心理科普、心理训练；每年针对全市公务员、企事业单位安排的团体性专题讲座、普及宣讲、团体辅导、心理户外拓展、心理健康普查等，由各协会分会负责提供场地、安排时间、邀请心理老师、协调进展等工作。

另一方面，某一时期确立一个社会心理服务的主题在全市范围内开展落实，如2018年由市教育局、市综治办和市社会心理健康协会主办了“静听花开的声音——百场家长心理讲座进校园”活动，用动态的眼光看孩子的青春期，加强家校联系，为学生的健康成长同心协力，赣州市社会心理健康协会的心理专家、心理老师和心理医生在市域范围内的一百余所中小学开展讲座；2020年初由于疫情影响，协会的主要领导（也是由各相关单位的心理医生、心理老师担任）实行“一人负责一个街道”的心理抗疫活动。2020年赣州市为推进市域社会治理现代化试点工作，提出“一村（社区）一队”工作方案，社会心理服务作为工作方案的一支力量，深入社区听取民情民意，回应群众诉求，与信访人员一起开展工作、协调反迁房小区问题、走访精神障碍患者、调解商铺矛盾、调解婚姻家庭纠纷等。2020 年暑期，为助力市新时代文明实践中心的试点建设，市社会心理健康服务协会开展了以“新时代•心健康”为主题的“关爱未成年人心理健康”暑期新时代文明实践活动，活动主要包括提供心理健康（心防）辅导和咨询服务、普及心理健康知识和技能、关注未成年人暑假安全、普及防溺水相关知识。每次活动在形式上按“四个一”步骤开展，分别是看一部科普短篇、听一场知识讲座、玩一个团体游戏、做一次互动交流。

市、区（县）的社会心理服务协会配套了各种心理测试设备，设置了功能不一的心理服务板块，如谈心室、咨询室、测量室、宣泄室、沙盘室等，同时制定了相应的社会心理服务操作规范和伦理要求，可以供给市民和单位多样的社会心理服务。

3. 问卷调查结果

（1）被试人口学资料统计

进行调查对象的人口学资料统计，结果如表 5-1 所示。

性别上，男性人数多于女性，其中男性 1099 人、占 52.63%，女性 989 人、占 47.37%。

年龄分布上，30 岁及以下的年轻人较多，有 1179 人、占 56.46%；51 岁及以上人数最少，只有 130 人、占 6.22%；中间年龄段人数居中，有 779 人、占 37.31%。

学历层次上，本科学历参与调查的人数最多，有 1289 人、占 61.73%；研究生及以上学历人员有 479 人、占 22.94%；中学及以下学历有 320 人，占 15.33%。

婚姻状况上，离异的很少，只有 30 人；已婚人数略高于未婚人数，分别为 1149 人、占 55.03% 和 909 人、占 43.53%。

职业方面，在职人员和自由职业者占据了半壁江山，两者共 1209 人、占 57.90%；学生 489 人、其他 390 人，各占 23.42% 和 18.68%。

从被试的人口学统计数据可知，总体来说，此次调查对象在各分类项目的比例上较为合理。

表5-1 问卷调查对象人口学数据

项目	选项	人数	所占比重
性别	男	1099	52.63%
	女	989	47.37%
年龄	30 岁及以下	1179	56.46%
	31 ～ 50 岁	779	37.31%
	51 岁及以上	130	6.22%
学历	中学及以下	320	15.33%
	本科	1289	61.73%
	研究生及以上	479	22.94%
婚姻	已婚	1149	55.03%
	未婚	909	43.53%
	离异	30	1.44%
职业	学生	489	23.42%
	在职人员	859	41.14%
	自由职业	350	16.76%
	其他	390	18.68%

（2）社会心理服务的一般现状

在访谈中我们已经知道，现已基本实现了社会心理服务市、区（县）、街道（社区、乡镇）、居委会（村）四级区域的全覆盖，但还是存在着不少民众并不知晓这个服务，更没有享受到这项公共服务的福利，具体情况如下所述：

社会心理服务的普及率并不高。根据本次调查结果（表 5-2）显示，只有 14.85% 的居民知晓居委会开设了社会心理服务工作内容，而 58.86% 的居民提到居委会没有开展这项服务内容，还有 26.29% 的居民对居委会是否开设社会心理服务表示不清楚。

接受过社会心理服务的人员不多。根据问卷结果（表 5-3）统计发现，高达 59.77% 的人没有体验过社会心理服务，只有 40.23% 的人曾经有过社会心理服务的经历。

再进一步调查发现（表 5-4），经历过社会心理服务的 840 人中，57.73% 的人体验过网络心理服务、29.77% 的人有过心理热线的帮助、54.83% 的人经历过面对面的专业心理医生和心理教师的帮助，还有 21.65% 的人体验过居委会或小区的心理服务。

显而易见，市域社会心理服务的普及还需要努力，目前知晓社会心理服务的民众较少，接受过心理服务的民众则更少。

表5-2　居委会是否有社会心理服务

选项	计数	所占比重
有	310	14.85%
没有	1229	58.86%
不知道	549	26.29%

表5-3　是否接受过社会心理服务

选项	计数	所占比重
接受过	840	40.23%
没有	1248	59.77%

表5-4　接受过哪些社会心理服务

选项	计数	所占比重
专业心理医生提供服务	460	54.83%
居委会的心理服务	182	21.65%
心理热线服务	250	29.77%
网络心理服务	485	57.73%

（3）民众对社会心理服务的重要性认识与主动利用间存在矛盾

调查统计（表 5-5）显示，93.77% 的人认为社会心理服务非常重要，4.79% 的人认为社会心理服务对生活会产生一些影响，0.96% 的人认为社会心理服务对生活的影响很小，可以忽略不计，0.48% 的人认为社会心理服务对人们生活的影响并不重要。由此可见，绝大部分人认可社会心理服务的重要性，这也进一步说明作为社会心理服务执行主体的社会力量的加入和发挥功能是多么重要与紧迫。

表5-5 社会心理服务对人们生活的重要性

项目	人数	比例
非常重要	1958	93.77%
重要	100	4.79%
不太重要	20	0.96%
不重要	10	0.48%

虽然绝大部分群众都认为社会力量所开展的社会心理服务对人们生活有非常重要的作用，但是主动寻求社会心理服务帮助的人还是不多，即社会心理服务在人群中的利用率还相对较低。经过数据统计有以下三方面表现：

一是民众主动寻求心理服务的人员较少。在通过访谈各级综治中心及心理服务中心等场所人员时，了解到主动寻求心理服务的民众较少，而运用自我调节成为大多数民众解决问题的主要方式，但自发形成而不是自觉运用的自我调节很可能在面对问题时具有偶然性及非科学性。调查统计（表 5-6）告诉我们，人们面对心理问题会如何解决时，有 65.57% 的人选择运用自我调节方式、有 25.86% 的人会向家人或朋友倾诉以寻求支持、有 5.27% 的人选择寻找其他情绪发泄方式，仅 3.30% 的人会寻求专业人士帮忙。

表5-6 民众面对心理问题的方式

方式	人数	比重
自我调节	1369	65.57%
向家人或朋友倾诉	540	25.86%
寻求专业人士帮助	69	3.30%
寻找其他发泄方式	110	5.27%

二是人们对心理服务的利用率不高。在访谈中发现，专业社会力量在开展一系列心理知识宣传普及公益咨询坐诊活动时，摊位前凑热闹的人数不少，但只有少数民众会主动表达自己的心理需求和心理困惑、接受公益咨询辅导，大部分人近而不前，甚至有部分民众对社会力量开展的心理服务产生了一些误解，认为自己的问题无人能解，只有解决了自己的现实困境，心理问题才会一扫而光。表明人们对社会心理服务的认识还很有限，影响了身边可及心理服务的利用率。

三是民众对已有的社会心理服务的满意度较低。调查结果（表 5-7）发现，对社会心理服务非常满意和比较满意的人数加起来（45.93%）要少于不太满意和非常不满意的人数（54.07%），其中非常不满意的人数（12.45%）多于非常满意的人数（11.97%）。显而易见，对于社会力量开展的社会心理服务，民众对其整体满意度不高。

由此可见，虽然民众对社会力量开展的社会心理服务的重要性有较好的认识，但实践生活中有问题了并不去主动寻求心理帮助。为什么会造成这种认识与行动上的脱节呢？究其原因，一是民众的观念还不开放。大多数人常会朴素地认为一个新生事物或为民服务的项目一定是好的，但涉及本人时，观念就相对比较保守，认为很多事是个人或家庭的事情，不便也不愿对别人公开；或者错误地认为只有事情解决了才能解决心情，因此影响到寻求社会心理服务帮助的主动性和积极性。二是社会心理服务的特殊性。心理问题、心态问题的产生不是一朝一夕之力，像温水煮青蛙似的进程缓慢且常不自知，当痛苦难当、寻求专业帮助时，已经积重难返，因此心理问题也非一夕一朝之功就能解决。这种非立竿见影的效果也影响了人们对社会心理服务的信任而导致求助行动的迟疑。三是现有的社会心理服务由于种种原因有些确实未起到应有的效果，人们对其满意度不高，影响到民众对它的利用率。

表5-7 民众对社会心理服务的满意程度

选项	计数	所占比重
非常满意	250	11.97%
比较满意	709	33.96%
不太满意	869	41.62%
非常不满意	260	12.45%

（4）民众乐于接受社会心理服务，但对提供服务的人员和服务形式有期待

调查结果统计（表5-8）显示，对于社会心理服务，绝大多数民众的态度是乐于接受的，乐于接受的人数超过了90%、达到了91.86%，有2.87%的民众会排斥社会心理服务，5.27%的民众对社会心理服务持中立态度。

同时如表5-9所示，86.12%的人愿意接受专业人士提供的社会心理服务，心理志愿者和社会工作者提供的社会心理服务分别有44.02%及19.14%的人愿意接受，16.27%的人愿意接受社区干部的服务。从数据统计可看到，人们对心理学专业人员提供的社会心理服务认可程度最高。

由此可见，人们对专业人才的需求众多，社会心理服务应加大对心理专家、心理医生和咨询师等专业型、专家型人力资源的引进力度。

表5-8 民众对社会心理服务的态度

选项	计数	所占比重
乐于接受	1918	91.86%
比较排斥	60	2.87%
其他	110	5.27%

表5-9　民众愿意接受哪些人提供的社会心理服务

选项	计数	所占比重
心理学专业人士	1798	86.12%
心理志愿者	919	44.02%
社区干部	340	16.27%
社会工作者	400	19.14%
其他	200	9.57%

调查统计（表5-10）发现，在社会心理服务开展的形式上民众有自己的期待。大部分人（70.81%）希望能多一些心理知识的宣传普及，超过一半的人（59.81%）希望多听听专题性的心理讲座，还有半数以上的人（52.63%）希望能体验面对面的心理服务，相比较而言，希望开展网络心理服务和心理热线服务的人相对少一些，分别占了35.89%及44.5%。

表5-10　民众希望的社会心理服务形式

选项	计数	所占比重
知识宣传	1479	70.81%
心理讲座	1249	59.81%
一对一的心理帮扶	1099	52.63%
网络心理服务	749	35.89%
心理热线服务	929	44.5%

4. 市域社会心理服务引入社会力量的分析

以上调查结果告诉我们，该市社会力量主导的社会心理服务工作还存在一些问题。经过前期的调查研究及后期深入的归纳总结，问题的主要归因有：一是社会心理服务的普及性不够，二是政府扶持力度还不够，三是社会力量未能充分利用服务平台，以及行业发展不平衡不充分等多方面原因。

（1）社会心理服务的公益性影响其普及性

社会心理服务是一种社会公共服务，具有面向全民的特点。由于社会心理服务的专业性及其社会治理的目的，需要引入多种专业的社会力量以共同担负相应的社会心理服务工作。即便是专业的社会力量也包罗很多，如各级各类学校的心理教师、科研院所的心理专家、心理学会或协会的心理成员、医疗机构的心理医生和护士、企业的心理咨询师、志愿者、社会工作者、社区工作者、心理爱好者等，这些团体或个人存在着专业性及职业态度上的高低差异，如果政府支持不够或监管不够，就不可避免会发生以营利为目的的现象，这会大大降低社会心理服务的可及性，降低其在社会的认知度，因此社会心理服务的公益性程度会影响到其普及性程度，造成民众对社会心理服务的认可程度偏低，全民主动参与社会心理服务的意识还远远不够（图 5-1）。

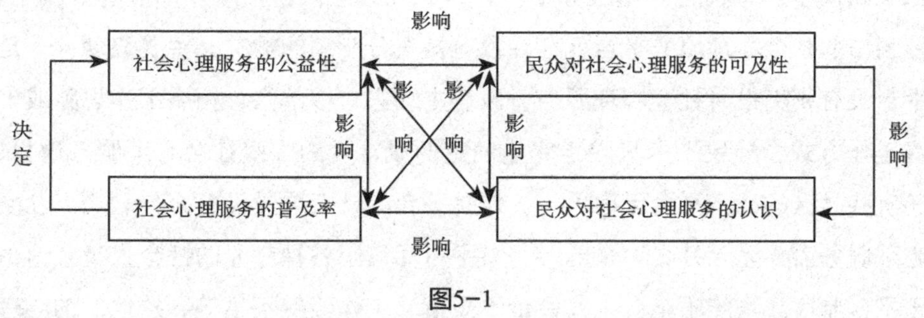

图5-1

（2）政府的支持力度不够

第四章社会心理服务的应然意涵中已经论述过，我国的社会心理服务体系是政府主导的、多元主体参与的模式，政府的重视程度、扶持力度左右着社会心理服务的发展，影响着社会力量参与社会心理服务的能动性。目前状况反映出两方面的问题，一是政府的支持不足。虽然各级政府已经在重视此项工作，拨付资金进行平台建设并购买社会力量的服务，但相较于民众的普遍需求而言，还是显得力度不够，导致社会心理服务的数量和质量都还有很大提升空间。二是政府的支持不均。现有的政府支持主要体现在区（县）级及以上服务平台的建设，而对于街道（乡镇）、社区这两级的支持力度还很不够，这种支持不均造成了各地、各层级社会心理服务发展的不平衡。有些基层单位与居委会建立的社会心理服务组织无专业人员、无法正常开展及承接心理服务活动，导致有些专用场地也常挪作他用；社会心理服务的功能无法体现，相应的组织机构就形同虚设。

（3）服务平台的作用没有充分发挥

社会心理服务是多元主体参与的提供社会公共服务的过程，既然有多元主体参与，就需要一个能容纳多元主体的操作平台，多元主体在这个平台上凝共识、固理念、聚思维、汇方法，再相互配合联动开展社会心理服务的实践活动。这个社会心理服务的平台不仅是多元主体的操作平台，如本书图 4-1 所示，它还是多元主体工作的支撑平台，政府支持、社会支助、民众诉求也汇聚于此，为多元主体的工作提供政策、资金、信息、技术的支撑。如果缺少了这个社会心理服务平台，多元社会主体就很难发挥应有的作用。赣州市的社会心理服务平台就存在没有被充分利用的情况。主要表现：一是平台没有积极投身社会心理服务，没有主动去对接部门、拓展工作思路或丰富工作方式，导致平台只限于完成固定的或常规的一些社会心理服务项目，还有些县区的社会平台无事可干。二是平台的社会力量没有充分利用。社会心理服务需要多元社会力量的参与，平台聘请了各种专业的社会人员，但由于平台制度或功能不全，工作评价不规范、工作经费不足等导致他们的心理服务积极性不高，不少人只是挂名在平台，出现有事没人干的情况。三是聘请的心理服务专业组织、专业管理团队、企业及个人等社会力量存在能力差异，有的甚至能力差距悬殊，导致只有一部分或少部分人员能胜任或主动去开展社会心理服务。

三、社会力量开展市域社会心理服务的策略

社会心理服务是政府引领的多元主体参与的一种社会治理创新方式，在这里，政府是社会心理服务健康发展的责任主体，社会力量是社会心理服务的执行主体。社会心理服务要做好就离不开社会力量的作用，因此政府要运用多种方式调动社会力量在社会心理服务中的积极性、能动性。

1. 完善政府购买社会心理服务

社会治理取代社会管理，需要建设服务型政府，而购买服务是转变政府职能提高治理能力的重要路径，这就需要“处理好政府与市场的关系，引导社会力量进入公共服务领域”[1]，政府在购买服务中要有健全的购买体制机制，才能保障购买服务的专业性、公益性和民众的可得性。

政府列支专项服务经费。钱不是万能的，但没钱是万万不能的。对社会心理服务的资金投入无法看到直接的经济收益，但作为一项社会公共服务事业，这个资金必须有，还要有专门拨款、专款专用；同时作为一项心理服务事业，它的持续性和广泛性特点决定了这个资金必须有，还要有不菲的、不计短期回报的资金投入。在社会心理服务体系建设试点初期，许多地方政府都特事特办，有效解决了社会心理服务的经费问题。但热情过后社会心理服务今后的长期发展需要有稳定的经费来源途径，应该在各地政府财政预算中统筹规划并单独列出，同时，要制定经费的使用规则和管理监督机制，保障专项经费在规范、透明、高效的原则下使用。

明晰购买主体和承接主体。购买主体实际上就是社会心理服务的责任

[1] 中共中央关于全面深化改革若干重大问题的决定 [N]. 人民日报，2013-11-12.

主体，各试点城市的责任主体各不一样，但大多集中在各级政法委（综治办、综治中心）、卫健委、教育局或民政局等党政机关，因此这些部门将是购买社会心理服务的主体。依照我国的党政职权划分，政法委这一党委机关在权力领域、协调能力上会优于其他几个政府机关，因此政法委（或其类似综治办的职能机构）或可作为购买主体。承接主体也可以是多个不同的组织：一是赣州市及各种县市区的社会心理健康服务协会，服务协会这个承接主体会将任务分派给各种社会力量，如可将心理服务的任务分派给心理学科研院所、各级各类学校心理团队、医院、社工组织、心理公司、心理学会或协会等；二是有心理服务资质的公司，一些暂时性或阶段性的服务项目，政府相关部门也可以直接向有资质的公司购买或通过社会心理服务平台向公司购买。所有直接或间接的承接服务的社会力量，都应当有独立的民事责任能力，具有制度化的内部管理和账务、资产管理，有良好的信用记录，以及有开展社会心理服务的资质等基本条件。

制定购买内容。社会心理服务的政府责任主体在牵头部门的协调下，在降低购买成本、保证社会心理服务效果的前提下，按照依法依规原则制订出社会心理服务购买的指导性目录。购买的社会心理服务内容可以涵盖个体心理服务类（个别咨询、家庭调解等）、群体服务类（单位讲座、心理普查等）；心理健康服务类（心理咨询、治疗等）、社会心态类（群体事件干预、社会心态识别监控等）、国民素质提升类（普及宣讲、素质拓展、家长培训等）；常规类（特殊人群心理帮扶、社区矫正的心理矫治等）、应急类（突发事件的心理应对、灾难事件的心理救援等）等各类社会心理服务。

协商价格范围。社会心理服务的内容、时间、形式、效果均会因人因事而呈现异质性，不具备标准化的衡量特点；社会心理服务不能进行公开展示，具有无形性、不具备有形化的比较标准；社会心理服务的产生和消费具有同步性，不具备分离性的退货或转售标准。由于该服务难以用商品的属性去定价，购买主体要与承接主体共同协商，考虑社会心理服务的多个要素并制定指导性的价格，遵循专业价值规律并规定价格范围，使服务与价格相对应、报酬与能力相对应。在降低政府购买成本的基础上保证和激发社会力量参与社会心理服务的积极性。

规范购买程序。政府作为购买主体在实施购买行为时要根据《政府采购法》的规定及其他相关法律法规的要求，对政府购买行为和社会力量的服务提供做出一致的规范和监督。编制购买服务预算和购买项目目录、通过招标的竞争方式而不是指定方式公开公正选择承接主体，与承接主体签订购买服务合同，明确购买范围、质量、绩效目标等事项、履约责任与违约责任、权利与义务，规范合同履行支付、监管、验收等一系列购买行为。

2. 创新形式彰显社会心理服务的价值

社会心理服务是社会治理工作的创新举措，在这项创新及试点工作中，各地的工作思路、工作形式、工作方法都有很大的运行空间和施展空间。

利用“党建＋社会心理服务模式”，积极引导社会力量参与社会心理服务。在形势要求和问题倒逼下，全国各地及各级党委都在研究基层党建工作及其功能发挥问题，社会心理服务的很大一部分工作内容就是面向基层，也只有从基层开展的社会心理服务才有坚实的根基。如果能发挥基层党建的作用，利用“党建＋”的模式来开展工作，将能更好地彰显社会心理服务的党建元素，提升社会心理服务的组织价值、公益价值及在基层的渗透能力，使社会心理服务给民众带来更多的获得感与幸福感。

不少试点城市也正在实践这个模式，街道和社区一级的社会心理服务工作大多与党委机关和政法委的职能部门综治办（中心）配合协同工作，并列入基层党建的工作业绩和考核内容。如赣州市的社会心理健康服务协会就大力发扬协会成员中党员的先锋作用，协会党员与公安、社区干部组成“三人小组”参与“心防”工程以及特殊个案的服务和心理危机干预工作；基层党组织成员＋协会成员＋网格员组成“三人小组”开展基层民众心理问题的普查和脱困工作。

社会心理服务与思想政治工作融合。从本书第三章所述社会心理服务的早期发展中我们知道，在社会心理服务这个政策名词出现之前，有相当长一段时间它的内容在思想政治工作中体现，思想政治工作在我国由来已久而且深入人心，现阶段将社会心理服务重新与思想政治工作结合不仅是可行的，同时还可以展现出以下优势：一是可以把这项工作作为一项长期开展的工作来抓，防患于未然，而不是到问题出现了才来应对；二是可以提高人们对社会心理服务的觉悟和思想认识，确保工作的有效性和方向性；三是将提高社会民众的道德水平、坚定理想信念、培育健康“三观”、丰富时代精神内涵、构建人类命运共同体等内容作为社会心理服务与思想政治工作的共同理想和使命追求。

3. 有效服务体现社会力量的价值

有效的社会心理服务就是最好的宣传方式。当社会心理服务是有用的，特别是能解决民众的问题、解决社会的困扰时，民众才会逐步认可直至欣然接受。同时这种服务的提供者也自然能体会到自己工作的价值与意义，有进一步工作及创新的积极性。

自我发展与服务社会相结合。边服务边发展，社会力量在提供服务、贡献社会的同时，还要注重自身专业化、规范化的培养；社会力量在发展自身的同时又能为社会提供更优质的服务，更好地回馈社会。第一，社会力量要夯实自身的专业基础，具备专业素养，结合本地的社会经济发展状况、生活方式、价值观等因素打磨提升自身服务民众的专业能力，积极引导民众形成健康积极的生活方式。第二，作为社会心理服务的主导部门还应积极提供条件发展社会力量，如强化资源支持，为重点培育的社会力量免费提供办公场所；通过项目支持的方式，为他们开展社会心理服务、安排项目经费，在充分的实践应用中提升自身服务能力，从而获得自我发展。第三，相关部门应该积极聘请精通理论同时兼具实践经验的专家，依托社会心理服务工作平台对社会力量开展业务指导与培训。政府不只是要吸纳社会力量提供社会心理服务，还需要重点培养一批专业的社会力量，有意提升他们参与社会治理的能力，使他们获得自我发展与自我提升。这种社会力量的重点培养可以适应长期性及深入性的社会心理服务工作要求，使社会心理服务常年有一支或几支可以长期合作的专业扎实的稳定队伍，踏出一条社会力量开展社会心理服务的新路。

丰富服务内容，拓展服务方式。社会心态及社会情绪引起的社会问题是多种多样的，作为社会治理的精细化手段，社会心理服务需要适应不同的社会及民众需求，切实发挥其预防、缓解、或解决社会问题的功能，彰显心理服务的实效，使人们能自觉自愿地接受社会心理服务的帮助甚至有事会先求助于社会心理服务。因此，社会力量在开展社会心理服务过程中，要准确了解社会现实、精心设计服务内容、采用多样化服务方式。如特殊人群的心理矫正与心理康复、社会心态的测量、监控和预警、突发事件的应急心理救助、全民心理素质提升的辅导教育、国家认同和社会认同的心理促进等，需要根据时间、地点、人群的不同而采取不同的方式方法、运用不同的心理服务技能技巧，这都需要专业人员及团队认真思考、仔细研磨、正确决策和有效行动。

4. 发挥社会心理服务平台的优势

“社会心理服务的发展及其体系的构建势必要落脚到承载它的平台上”[1]，社会心理服务的多元需求必然要汇聚到社会心理服务平台，社会心理服务的多元主体力量也必然要汇注到社会心理服务平台，或通过这个平台构建出网络服务平台，构建多条战线的服务联动体系。

（1）搭建上下贯通、左右横陈的各级服务平台

实现社会心理服务“线”的纵深。社会心理服务要面对各个层面的社会心理问题，或者说社会心理问题存在于社会的各个层面中，因此要建立起市+区+街道+社区或市+县+镇+村的各级服务平台，特别是最基层要有

[1] 葛明贵，高函青．中国特色社会心理服务体系建设的路径分析 [J]. 心理科学，2020，43（1）：203.

社会心理服务平台，真正做到社会心理服务在市域各级纵深到底，打通最后一公里，实现层级全覆盖。近年来，赣州市社会心理服务依托原全覆盖的各级综治中心“心防”工程，建立了四级社会心理服务平台，社区一级均有相应的功能机构设置并持续开展社会心理服务工作。

实现社会心理服务“面”的铺展。每一层级都有不少机关、事业企业单位、社会团体，还有数不清的居民小区，因此要建立起各单位部门及生活小区的社会心理服务平台的下属社会心理服务室（中心），真正做到社会心理服务在市域任一层面横陈到边，不落一个人，实现人员全覆盖。到目前为止，赣州市区县的各大机关、事业单位、重要企业、社区等都广泛设置了心理辅导室、心理咨询室、社区网格员，实现了社会心理服务功能。

实现社会心理服务“点”上开花。每一个纵深线和铺展面都有一些结构完善、人员集中、资源较好的单位或团体，着重做好这些“点”上的社会心理服务工作，做到点上开花，带动或影响其他单位或人员的社会心理服务工作，真正做到社会心理服务在市域纵横线面上的遍地开花结果。赣州市驻市高校及高职院校、重点学校、重点企业、重点单位、重点社区重点开展了社会心理服务工作，做出典型、做出特色。

以上各级各类服务平台要左右贯通、上下联动，才能整合社会心理服务所需要的资源，通过点线面的工作让各级民众方便享受到这项社会公共服务。

（2）利用通信技术，搭建线上多样便捷的服务平台

随着智能手机、互联网及移动应用程序的广泛普及与不断更新，线上社会心理服务已然成为社会心理服务的重要工作平台，并可以衍生出众多被人们接受的服务方式。

社会力量在开展社会心理服务时可以顺应这种技术革新的趋势并充分利用好它。充分利用原有的市域四级综治中心的视联网平台提供远程线上社会心理服务，如线上咨询、线上讲座、线上测评、线上指导等；利用原有或开辟新的心理热线、移动心理服务 APP 等提供线上各类的心理服务，把有线与无线、有声与无声、视频与图像等统一起来，把智能与人工、程式化与订制、宣传与诊治等统一起来，共同打造社会心理服务的线上服务平台，实现社会心理服务的远程服务功能。同时线上社会心理服务平台还可实现便捷化，不受时间、地点及当地资源的限制，增加社会心理服务的可及性。只要有智能手机或平板电脑就有可能实现这种线上服务，而心理问题的进程及严重程度往往与时间密切相关，一般认为一种抑郁情绪是否是抑郁症的表现，在时间上看它是否持续存在了 3 个月以上，在解决民众的心理问题方面这种便捷、随时可及的线上形式实现实时干预、及时解决，具有很强的时效性。同时这种方式也能很好地汇集、利用远程服务资源，弥补当地线下服务资源特别是人才资源的不足。

5. 完善联动与监管机制

社会力量作为社会心理服务的主体在介入、开展工作和自身发展等方面都要有规范化、系统化、专业化、程序化的制度和方法。社会治理是社会建设的重要任务，社会心理服务是社会治理的重要创新，因此政府作为社会治理的主导要适应新时代的发展要求，建立和完善社会力量参与社会心理服务的长效制度，用实际行动创造条件，引领社会力量参与社会治理。

（1）联动机制

我国的社会心理服务是政府引领的、社会多元主体参与的、面向全社会的一种公共服务，因此它涉及多元的主体客体、多样的内容资源、多重的需求供给，这就需要加强主体与客体间的联动、资源与内容的联动、供需间的联动等，以做到同向同行，凝成强大推动力。

主客体间的联动。社会力量是社会心理服务的多元主体，社会心理问题及承载它的人是客体，主体对客体要有充分认识、研究问题的起源与发展、找到解决问题的办法、选择解决的途径方法等，才能有效地进行社会心理服务工作，净化社会空气、消除社会隐患；客体（在这里主要指人、群体、整体）对主体要有充分认可，才能接受主体的社会心理服务，并在过程中积极配合、自觉调适，解决社会问题，提升心理品质。两者特别是主体要想尽办法，一方面收集社会心理信息，掌握社会问题现状，加大与政府部门的政策互通与信息沟通；另一方面要不断提高对客体的认识能力和解决问题的心理服务能力。同时还要进行社会心理服务有关的政策、知识及意识的宣传普及，加强民众对社会心理服务及其主体的认识与认可。

资源与内容的联动。本书第四章详细介绍了社会心理服务的内容及资源整合，其实内容与资源间还需要充分匹配，适配了心理资源的服务内容才能呈现它应有的服务性能，资源不足或资源与内容间不适配，心理服务的功能就会大打折扣。因此这需要社会心理服务的多元主体们充分挖掘可利用的资源，充分了解服务内容的性质和功能，再把资源准确地配备、充实到服务内容中，实现社会心理服务的有效性。

供需间的联动包含两个方面，一是政府与社会力量间存在供需关系，需要做好这两者的联动。政府要转变职能，专业的事情交给专业的人去做，把社会心理服务的职能下放给社会力量，抓主抓重、放次放细；政府要在人力物力上对社会心理服务提供支持，其中要解决好购买服务的事情。这就需要政府充分了解不同社会力量的实力，购买与监管同行；同时社会力量要明白政府职能改革与社会心理服务的初心，不要让社会心理服务事业成了各自的利益场，追名逐利而不顾人民是否满意。二是社会力量所提供的社会心理服务与社会治理间是一种供需关系。社会力量作为社会心理服务执行主体要掌握社会治理的发展与需求，与社会治理同向同行；而社会治理也通过社会心理服务这种精细化的方式得以消除社会治理的断头路，贯通社会治理的最后一公里。

（2）多方协同监管形成监管合力

鉴于社会心理服务的内容、时间、形式、效果均会因人因事而呈现异质性，社会心理服务不能进行公开展示具有无形性，甚至有时涉及隐私社会心理服务具有隐蔽性，服务对象的能动特点导致社会心理服务效果的不稳定性等，造成对社会心理服务的监管困难重重。笔者认为，社会心理服务的监管应区别于传统的责任追究，强化过程监督和投诉管理，形成完善的监管和追责机制。

社会心理服务的主导者和引领者是监管主体，即各级党政相关部门是社会心理服务的当然监管者。各部门要明确社会心理服务多元主体的职能、监督其各司其职；建立社会力量参与社会心理服务的事前、事中和事后监管，事前严格制定社会力量准入的条件、规范、进行社会力量的资格审查，事中对社会力量提供的社会心理服务内容、形式等实行监管，重视民众反馈与投诉，事后对社会心理服务的质量效果进行监管，并明确社会力量的退出机制。其中可运用到法律监管、纪检监管、审计监管等形式。

社会力量作为社会心理服务的主体，作为社会心理服务的产品提供方，也要承担同样的监管责任。因此社会力量自身要监管自身的行为，对所提供社会心理服务的规则、内容、形式、效果、内部检查等负责，以确保提供的“产品”合适有效，也增大自身后续竞争的实力。

加大行业管理监督。社会心理服务是一项多学科的工作，涉及政治学、管理学、社会学等学科，归属于哪个学科及行业还没有定论。从目前对它的研究热情与研究成果来看，心理学无疑能拔得头筹，笔者认为在目前情况下，把社会心理服务归入心理行业也是人心所向的。如赣州市社会心理健康服务协会是赣州市社会心理服务的平台，那么该市的社会心理服务要在社会心理健康服务协会的监管下开展。行业监管主要集中在对社会力量的资格进行确定，规范从业人员资质，引导他们向专业化、规范化方向发展；制定行业规范、收费标准、加强社会力量的自律意识；对社会心理服务的过程、结果是否规范、是否过度、是否符合伦理等内容进行监督检查。

扩大社会监管。任何工作都可以运用社会监督，这是人民当家作主的体现，社会心理服务也不例外。社会监管的内容可以包括社会心理服务工作的所有方面，包括过程是否公开透明、结果是否科学有效、是否履行各自责任等，社会监管还包括对前三种监管主体监管行为的监督。

第六章
市域社会心理服务的社区行动

市域社会心理服务的社区行动，顾名思义，即在城市社区开展的社会心理服务工作，也可以称为“社区心理服务”。在第一章的概念辨析中已规定本书中所涉及的“社区”，是作为最后一级政府机构——街道下属的以居民委员会为核心的居民区。

社区是社会这个有机体的最基层单位，是微缩的社会，浓缩地反映了社会百态。社区工作上连党和政府，下接广大群众，是社会治理和为民服务工作中最基本的环节，社区心理服务以基层创新延伸治理的纵向空间。在全国社会心理服务的试点城市里，要全面铺开社会心理服务工作势必要以社区为单位，但由于各城市经济、文化发展的不均衡，导致社区心理服务的开展程度、水平和成果都表现出很大的差异。国家一线城市在全国社会心理服务试点开始之前就已在通过各种努力来尝试开展社区的心理服务，而在一些欠发达的试点城市社区心理服务工作才开始着手，但与前者相比，无论是基础条件还是开展程度都无法相提并论。

在社会治理视阈下开展的社区心理服务还处在试点城市的试点阶段，且社区心理服务作为社会心理服务的社区实践与本书第三、四、五章所述内容有很多重叠之处，因此本章只对国外社区心理服务经验及本国社区心理服务的注意事项进行阐述。

一、国外社区心理服务的经验

在西方，没有“社会心理服务”这种提法，当然也就没有社区心理服务。但西方发达国家也重视社区行动，与我国的社区心理服务较一致的做法就是西方国家更突出临床、更突出专业的“社区心理健康服务”。关于西方的社区心理健康服务已在第一章的概念辨析中做过介绍，读者可查看上述内容，不再赘述。在此，我们可以理解为国外的社会心理服务的学术研究与实践发展仅表现在社区心理健康服务的学术成果与实践经验上，西方社区心理健康服务更强调学科的单一性、服务的专业性和实践的临床性。

虽然西方心理学界或相关学术界并没有社会心理服务这一术语，但国际上也非常看重心理研究论断对公共政策制定与施行的指导价值及社区心理健康服务的实践价值。

1. 西方国家社区心理服务的发展历程

西方发达国家由于经济发展较早，民众对社区心理服务的需求也较早显现，肯尼迪总统任期内于 1963 年签署了《社区心理健康中心法案》，标志着社区心理健康服务在美国的正式出现。[1]经过几十年的学术研究与实践发展，西方发达国家形成了高度重视社区心理健康服务在应用心理学领域的学术研究的学术传统，实际上造成了越来越多的学者热衷于运用心理学手段对社会问题进行研究，心理学针对社会问题的干预工作也越来越受到重视和运用。因此将心理学的研究成果指导或融入社区心理健康服务，用理论研究指导实

[1] Bloom B L. Community Mental Health：A General Introduction[M].Monterey: Brooks / Cole publishing company，1984.

践也就越来越有了学术的自觉性和实践的科学性。回顾西方国家的社区心理健康服务对我国社会和社区心理服务仍有借鉴意义。

（1）西方国家社区心理健康服务的前期发展

第二次世界大战后，美国面临不少社会心理问题，主要表现在：一是许多身心正常的战士在退役后患有精神疾病，影响其社会功能；二是美国民众也承受着因战争带来的失业、吸食毒品、犯罪等许多社会压力。[1]1946 年美国总统签署了国家心理卫生法案，要求注重精神疾病问题。[2]之后美国公共卫生部门得到国家大笔资金用作心理健康的研究和实践。但由于精神疾病的治疗费用高昂，心理治疗成为大多数群体无法承受的治疗手段，再加上精神病患者的住院疗效不突出，从业人员不够等问题，使得精神病患者处在恶劣的治疗环境中，人们不得不开始寻找一种更易承受且更有效的模式以代替之前的住院治疗。同时社会也愈来愈重视心理疾病的防范问题，期望从心理疾病的前端加以预防，提升人们的心理健康。由此催生了美国社区心理健康服务并蓬勃发展。

1961 年，美国心理健康研究所公布了一份报告，其中的宏伟目标之一是实现每 5 万人拥有一个心理健康中心；特别是将预防作为重点，认为环境在很大程度上影响着心理健康，强调心理健康知识的宣传普及；还倡导将社区心理健康机构建设成协调所有心理健康活动的中枢组织。到 1976 年，住院精神病人的比例从 1955 年的 49% 下降到 9%，这是为社区心理服务确立新方向以来取得的重大成绩。[3]

美国的社区心理健康服务的发展体现出两条辅佐路线：

辅佐其发展的第一条路线表现在心理学各学科的发展为社区心理健康服务提供了理论指导、助推其实践发展，使得社区心理健康服务的实践既有心

---

❶ Dalton J H, Elias M J, Wandersman A. Community psychology：Linking individuals and community [M].Belmont：Wadsworch / Thomson Learning，2001：27-56.

❷ Duffy K G，Wong F Y. 社区心理学 [M]. 林怡光，等，译. 台北：心理出版社，2005.

❸ 冯增俊 . 美国社区心理学概述 [J]. 心理学动态，1989（7）：45-55.

理理论的遵循，也符合实践发展的需求。

20 世纪 40 年代伊始，美国很多大学陆续设置了社区心理健康的系列课程，传授社区心理健康的意识和知识。高校开设该课程具有重要的意义，一是普及了大学生对社区心理健康的科学认识，使得心理健康与社区心理健康服务的理念得以在家庭及社区中传播。二是社区心理健康的实践有了理论的指导，帮助相关社区工作人员对心理问题开展科学的防治工作。三是激励着更多的学者加入社区心理健康的相关研究之中，理论指导实践，实践反哺理论，使得理论与实践得以在一个良性循环中发展。

60 年代，美国心理学界举办了首次社区心理学学术会议，在这次会议上正式宣布社区心理学的诞生。紧接着 70 年代，《社区心理学报》与《美国社区心理学报》两个专业期刊发行。[1] 这些事件都极大推动了社区心理健康的发展。

辅佐社区心理健康服务发展的第二条路线则是促进医院与社区的融合，在心理健康和精神疾病治疗方面加强医院与社区的合作，让病人在家庭和社区中进行治疗和康复，帮助其社会功能的恢复，以彻底改变心理疾病的发生率和治愈率。

人们进一步认识到，对于心理病患的治疗与康复而言，单靠心理学家和精神病学家的工作是远远不够的，社会环境因素和社会支持系统对人们的心理健康起着莫大的作用，由此提出了预防的观念，甚至有人倡导“一两的预防胜过一吨的治疗”。人们的健康水平预防重于治疗的观点被许多研究人员强调并应用于社区甚至整个社会情境中，后来的实践也证明了预防干预模式效率更高。70 年代，美国制定了很多措施推动医院和社区的融合，加大对医院和社区心理健康服务中心的拨款，把国立医院的部分精神科医护人员和精神、心理疾病病人转移至社区，在家中接受社区心理健康中心的治疗以恢复其社会功能，同时又在社区对非心理疾病民众进行心理健康的宣传和心理疾患的预防，使得患心理疾病人数得以不断减少，也使得社区民众的心理健康

---

[1] 佐斌．西方社区心理学的发展与评述 [J]. 心理科学，2001（4）：71-76.

意识和知识得到有效提高，心理健康问题得到及时解决，不至于发展到心理疾病及严重精神疾病的程度。在公立医院及中心医院的指导下，社区的心理健康服务得以不断发展。

1991 年世卫组织在阿拉木图召开会议，通过了著名的《阿拉木图宣言》，动员各国行动起来重视心理的预防工作，争取在 2000 年全人类都能实现健康的目标。这次会议很好地把社区心理学的理念和学科推向全球，在人类心理疾病的预防、社区心理服务的发展方面产生了重大深远的影响。

社区心理健康服务在英国的发展比美国迟了大概有 10 年，但是其发展所经历的道路与美国类似。英国在 1976—1986 年推出了 Bender 的《社区心理学》及 Koch 的《社区临床心理学》两本书籍[1]，还在 1991 年首创了社区心理学的专业期刊《社区和应用社会心理学报》。之后与美国一样，英国的高等院校向学生开设了社区心理健康的有关科目。如今心理健康服务在英国的覆盖面也较广。2018 年 1 月 17 日，英国第一次设置了“孤独部长”职位，主要职责是应对国家愈发高涨的伴随孤独寂寞而来的种种心理问题和社会问题，可见对心理健康的重视程度。

社区心理健康服务在加拿大的发展比英国又稍晚些。20 世纪 70 年代，加拿大为满足本国心理健康的上涨需求和受到邻国美国社区心理学的壮大影响，也开始了社区心理学的培训。Wilfrid Laurier 大学着手进行社区心理学的研究生教育，开启了社区心理学高端人才培养的先河，British Columbia 大学也开始接手培养临床社区心理学博士。[2]1982 年，加拿大社区心理学分会正式成立，同年《加拿大社区心理健康》杂志开办，象征着社区心理学在加拿大的正式出现。[3]

---

❶ 佐斌 . 西方社区心理学的发展与评述 [J]. 心理科学，2001（4）：71-76.

❷ Tefft B M，Hamilton G K，Theroux C．Community psychology in Canada：Toward developing a national network[J]．Canadian Journal of Community Mental Health，1982（1）：93-103.

❸ Davidson P O．Some cultural，political，and professional antecedents of community psychology in Canada [J]．Canadian Psychology，1981（22）：315-320.

（2）西方国家社区心理服务的现状

根据世卫组织（WHO）于2015年发布的报告，全球每10人就有1人有心理方面的问题。[1]WHO于2017年发布的报告，全球预计约3亿人在承受抑郁症的痛苦，全球平均发病率处于4.4%左右。同时研究发现，心理健康问题会引起巨大的社会消耗，包括治疗与康复费用、失业与破坏的损失等约占国内生产总值GDP的3.5%。[2]这么高的发病率极易波及家属的心理健康，再加上由此产生的巨大社会消耗引起了专业人士及政府层面的关注，西方发达国家对此进行了大量研究，也纷纷采取多种措施来应对。基于心理问题产生的复杂性，导致解决心理健康问题成为一个系统工程，当前西方国家社区心理服务有些有价值的做法。

政府注重和支持是发达国家心理健康研究的一个重要表现。如发达国家内部心理机构间的通力合作甚至国家之间的国际合作已经成为心理健康机构工作的普遍模式[3]；如美国特朗普上台伊始就大力减少了卫生研究的预算和资助，但心理健康的预算却位于资助的优先级；澳大利亚于2017年底设立了“心理健康顾问委员会（Mental Health Research Advisory Committee）”，其工作职责是考察并决定资助那些旨在提升生活质量的心理健康研究。

注重心理学的智库作用。一方面表现在越来越多的心理学专家学者成为一些国家的重要智库成员，如美国最大的智库兰德公司，心理学家成为其最大学部即行为与社会学部的主力；[4]另一方面，心理学包括心理健康的研究成果越来越深地影响着国家公共政策的制定和实施，对政府制定政策提供了

---

[1] WHO. Global health workforce，finances remain low for mental health[OL]. [2015-07-14]. http：//www.who.int/mediacentre/news/ notes/2015/finances-mental-health/en/.

[2] OECD. New approach needed to tackle mental ill-health at work[OL]. [2015-03-04]. http：//www.oecd.org/health/new-approach-needed-to-tackle-mental-ill-health-at-work.htm.

[3] 王玮，陈晶，陈雪峰，等 . 部分发达国家心理健康研究与促进的政策及启示 [J]. 中国卫生政策研究，2016，9（10）：43-49.

[4] 王佩亨，李国强 . 海外智库——世界主要国家智库考察报告 [M] . 北京：中国财政经济出版社，2014.

重大的科学依据，在服务于社会治理、解决公共事务、预防社会危机等方面心理与行为的研究结果发挥着越来越大的作用。

有些国家将心理咨询和心理治疗的费用纳入保险支付范围。众所周知，由于心理治疗工作的特殊性导致周期很长、花费昂贵，这种纳入保险的政策大大缓解了患者的开销，推广了心理健康知识的普及与心理治疗工作的开展，由于在重症精神疾病发生的前端就可以有随时可及的心理咨询与心理治疗，有效减少了重症精神疾病的发生率。

进行心理技术的开发，促进新兴技术在心理健康领域的应用。通过互联网与心理健康的结合，为居民开展在线的心理健康与心理会诊服务，完成识别、测评、咨询、干预等工作，同时为特殊需求及偏远地区的人们提供个性化与便利性的心理服务，此举很好地扩展了心理健康服务的半径，助推了互联网时代心理健康事业的发展。

鼓励促进心理健康产业的发展。健康是人类的基本需求，不少国家健康产业的增速超过了 GDP 的增速。[1] 早在美国 2010 年的调查就显示美国的健康服务业产值已达 3.5 万亿美元，成为美国 10 年间飞速发展的行业之一。[2] 心理健康是健康的重要组成内容，心理健康产业也应成为健康产业的重要内容，如在心理健康管理、心理健康保险、心理治疗、线上服务等方面有很大的产业发展空间。

2. 西方国家的社区心理服务

洋为中用，古为今用。我们将通过对西方发达国家社区心理健康服务的进一步认识来加强我国社会心理服务的社区实践工作。

服务对象：西方发达国家的社区心理健康服务的对象是有心理或精神服

❶ 张俊祥，李振兴，田玲，等．我国健康产业发展面临态势和需求分析 [J]. 中国科技论坛，2011（2）：50-53.

❷ 马伟杭．发展健康服务业促进经济转型升级 [J]. 卫生经济研究，2013（10）：3-5.

务需求的全体居民。但由于一些经费、人才、种族等种种现实问题的存在，社区心理健康在服务对象上有些国家也难以达到上述理想的地步。现实中呈现以下三类基于服务对象的类型：

第一，“精英”服务。这种心理服务对象为极少数的社会精英及有钱有资源的上层社会阶层，精英服务为实现他们的心理健康提供了比别人更好的条件，由此形成的“马太效应”使他们更有可能实现心理健康的要求，而作为普通公民及社会底层，是很难享受到系统化或高标准的心理健康服务。美国人本主义心理学家马斯洛提出了心理健康的“精英标准”，以此为尺度提供的心理健康服务只有少数精英人物才能享受到，而不能惠及广大民众。

第二，“需求导向”服务。这种心理服务对象为有需求的社会民众。只要社会民众有主动的心理服务需要，就可以提供相应的心理服务。但这主要取决于患者对心理健康服务的需求性和主动性，譬如有美国学者的研究指出：“亚裔美国人的心理需求与其他种族相比没有什么区别，但他们接受心理健康服务的人数却少了很多。他们只有在心理健康问题非常严重时才有主动寻求心理治疗的行动”[1]。这种需求导向没有体现社区心理健康服务的主动干预功能，而且事实上多是点对点的个体性和问题性服务方式。

第三，“职业健康”服务。这类心理服务即针对职场人士和职业发展而开展的心理健康服务。如德国较专注于员工职业发展的职业心理问题，从组织领导类型、工作任务布置、工作时间要求、职业技术影响等多方面进行改善以达到职业安全健康的目的。

服务内容：西方发达国家的社区心理健康服务主要包括以下内容：一是生命全程的社区心理健康服务。将一生中发展的几个重要阶段及存在的心理危机进行心理辅导。如，婴幼儿心理问题、青少年危机、准妈妈及新任妈妈辅导、更年期危机辅导、老年人心理辅导等。二是关注日常生活中的心理问

[1] Duy Nguyen, Lindsay A. Bornheimer. Mental Health Service Use Types Among Asian Americans with a Psychiatric Disorder：Considerations of Culture and Need[J].The Journal of Behavioral Health Services & Research，2014（4）41：520.

题解决。关注现实生活中存在的心理与精神问题并提供多样化的临床服务，如性教育、各类成瘾人员（酒精、网络、药物）心理矫正等。三是进行危机干预与社区康复。为应激事件、危机事件的亲历者提供服务，特别是预防自杀、与医疗机构配合进行患者的社区康复。

工作人员：西方的社区心理健康服务由于其产生之初的目标设定及服务内容决定了它是一项非常专业的活动，因而心理健康服务队伍是由多种专业人员组成的专业队伍，包括精神和心理医生、保健医生、心理咨询师及社区精神病护士。他们需要持证上岗，并有规定时长的实践经历，熟悉心理健康的咨询治疗和干预工作。同时也鼓励社工人员、非营利组织和志愿者也参与到社区心理健康服务中来。

服务形式：社会心理健康服务与医院的单纯治疗相比，具有更丰富和开放的特点，它可以作为医院服务的前端和后端提供医院无法实现的服务内容和形式。

宣传和普及。在社区开展心理健康的宣传和普及教育，使个人、家庭及公众获得心理健康的知识、正确的对待态度和行为方式，从事合理的活动，减少儿童虐待、问题父母的出现，进行社会能力或技能培养，增加决策能力。

咨询与治疗。对前面述及的服务内容进行社区心理咨询、疏导和治疗，加强精神疾病医院与社区的合作，通过社区心理健康服务工作人员的技能和社区民众生活与心理技能的提升来提高社区民众的心理健康水平。相比没有社区心理咨询与治疗的社区，这些服务能显著提高社区居民的心理健康水平。[1]

康复。进行精神疾病患者医院治疗后的社区康复，为医院治疗提供后期服务，让患者在社区接受后期治疗，使心理（精神）健康的恢复与社会功能的恢复同步进行，在患者回归社会生活的过程中进行治疗、在治疗中进一步

[1] 郭梅华，张灵聪．国外社区心理健康服务及其对我国社区心理健康服务的借鉴[J]. 社会工作，2009（1）（下）：58-61.

恢复患者回归社会的功能，这才是对精神疾病患者治疗应有的打开方式。

服务的管理模式：基于各个国家国情、民情的考量及有利于效能发挥的目的，各国的管理模式各不一样。美国众多的社区心理健康机构实行董事会管理，调动社区参与的积极性，减少政府干预。还有私人慈善机构运作，加强与附近医院的联系，使社区心理健康服务机构的管理模式多样，形式灵活。英国的社区心理健康服务机构则一般由国家支持或政府管理，符合资质的社区心理和精神医生与政府签订合同，有较为细化的收入方案，这种管理增加了可操作性及实施更有力的资金和政策保障制度。澳大利亚的私立机构热衷于社区医疗服务，政府及时补位主抓社区的心理预防工作。对患者的管理上，英国和澳大利亚对当事人的“案例负责人”模式得到很多人的肯定，每一个接受社区心理健康服务的案例当事人有专人进行追踪服务和随访，直到完全康复。[1]

时代的发展与社会的进步，不仅给人们的生活带来了便捷、高效，也给人们带来了不少压力。由过度的生活、学习、工作、社交压力而导致各种心理障碍、心理疾病发生的情况越来越多，人们对于心理健康服务的需求也不断增加。社区心理健康服务能够最大程度地满足居民对心理健康服务的需求，是社会心理健康服务的重要组成部分，也是世界心理健康工作的发展方向。

二、我国社区心理服务的开展

西方社区心理服务早在 20 世纪中期就已系统开展，经过 70 年的发展，对我国社区心理服务蕴含着不少启示，仔细研读分析会发现它给我国的社会心理服务的社区行动提供了不少经验借鉴，有助于在取长补短的基础上发展

---

[1] 李晓燕，夏苏林 . 社区心理健康研究综述 [J]. 基础理论探讨，2006（8）：69-70.

出具有中国特色的社区心理服务。

1. 我国社区心理服务与西方社区心理健康服务的异同

从西方的社区心理健康服务看我国的社区心理服务，两者不仅是一字之差，还存在着本质区别和内容形式上的关联。

所属领域不同。我国的社区心理服务是社会心理服务的基层体现，是社会心理服务的社区实践，属于社会治理领域，是社会治理的创新表现。西方的社区心理健康服务属于卫生领域，是心理卫生的社区工作实践。

体现格局不同。我国的社区心理服务是从社会治理的角度提出的，涉及除心理学外的其他社会学和管理学等学科，是为了打通社会治理的最后一公里，实现社会治理与基层民众的无缝对接，作用地位决定了它的格局更大，其工作的开展需要有全局意识和系统观念。西方的社区心理健康服务主要涉及心理学、精神病学等学科，从心理卫生的角度提出，格局上要小很多，无法与我国的社区心理服务相较。

包含内容不同。虽然我国的社区心理服务开展得较晚，但内容覆盖了心理健康教育、心理三级预防、突发事件应对等方面，为市域社会心理服务的开展与进展取得了丰富的经验，发挥了重要的作用。西方社区心理健康服务虽然发展得早，但由于定位在心理卫生领域，其关注的范围狭窄得多。

发展程度不同。作为社会心理服务的社区实践，我国的社区心理服务正处在发展前期，社区心理服务的理论与实践还在探索之中。这是我国社区心理健康服务存在诸多问题与挑战的重要因素，起步晚、实践少，经验匮乏，前进中需要学习、不断积累经验、吸取教训，从而找到适合我国社会心理服务社区实践的道路。西方社区心理健康服务开展得较早，取得了一些成就，当然也存在一些教训。

两者也存在一些关联。社区心理健康服务是社区心理服务的重要内容，但目前我国的社区心理服务有窄化的错误倾向，其实社区心理服务与社会心理服务一样要有更广阔、更系统的观点，站在全民心理素质提升的角度去做大做强社区心理服务才是它的应有之义。

2. 我国社区心理服务的注意事项

国外发达国家的社区心理健康服务虽然取得了一些成就，但不能照搬照用以免水土不服。正因为其产生较早，历经多年发展，其旧有的社会心理服务模式与当前时代新的理念和管理模式有不相适应的地方。有关其服务的理念、原则及实施方法需要做进一步的调整。根据前期我国社区心理服务的发展、借鉴国外的经验教训，为做出有中国特色的社区心理服务，需要在以下方面加以注意。

（1）发展性问题应成为社区心理服务的关注点

社区心理服务不应仅限于解决已经出现的问题，而应既包括解决目前出现的情况、疾病，也包括对未来可能出现的问题的预防，加强对发展性问题的关注。

社区心理服务不能只留意“病态”问题而应有系统全局的观念。应关注更广范围的社区民众的社会心态及他们心理素质的提升，可以这么说，我国的社区心理服务不能仅关注个体的认知、情绪，个体的家庭、职业等小范围的心理变量，应对已经出现的问题；而应该是力图把人放在更广阔的社会环境系统中去理解和衡量人的心理与行为，并在这种理解的基础上来改善人的生活品质以促进社会的和谐发展。社会心理学家勒温曾提出了一个行为公式：B=f（P，E），即人的行为（Behavior）是其人格或个性（Personality）与其当时所处情景或环境（Environment）的函数。对于社区心理服务来说，这个公式的意义就在于：只有把个人的行为同行为发生的背景联系起来，才能够更好地理解人的行为，个人与他所处的环境之间是一种相互作用、相互回报的关系，因此通过社会发展，构建良好的社区环境，有助于塑造良好的社会行为。简而言之，病态取向的社区心理服务倾向于专注问题、通过改变个体来适应社会，而发展取向的社区心理服务则有社会治理的格局，将个体问题看作是社会结构的系统问题，个体问题的解决是为了解决社会系统问题而存在。

社区心理服务不能只关注个体，而应有全体观念。如同这两个词汇的不同，心理健康只是心理的一种表现，社区心理健康服务是面向个体和病态的，它只是社区心理服务的一部分但不能成为它的全部。因为有中国特色的心理服务除面向个体及病态之外，还应面向更广阔的全体性和发展性的内容，如社区居民心理素质的提升、社区居民社会心态的矫正、社会居民社会主义核心价值观的培养等。

社区心理服务不能只有“点对点”，而应有全面铺陈观念。西方社区心理健康服务中盛行点对点的服务形式，没有在更广层面上铺开，有中国特色的社区心理服务不能仅针对社区有需求的个体，应惠及广大社区民众和广大的社会心理问题，更不能只面向“精英”服务，而应是面向各个层面的群体和不同程度的问题的服务。在社区心理服务中，每一个居民都应是关注和服务的对象。

社区心理服务不能只关注“应对”，而要有预防观念。大部分心理问题或精神问题其发展进程是缓慢的，在这个引发过程和病程发展的进程中做好有效的预防和阻断工作是比治疗更重要的事情，它可以改善社区乃至社会系统，批量消除和减少引发问题的因素，因此预防的理念是现实而重要的，做实心理健康的社区预防在我国社区心理服务中具有重要意义，而且心理健康的三级预防也只在社区这个最基层单位开展也是最贴切的。

（2）完善社区心理服务的模式

对于社区心理服务的模式，笔者尝试做以下的探索：

医院与社区合作模式。医院与社区合作模式是指公立医院与附近社区开展紧密合作，医院可派驻精神科和临床心理科医护人员帮助社区心理服务机构开展专业的心理治疗精神康复工作；医院从专业的角度帮助社区普及心理保健知识、处理心理问题患者，尽力做到早预防、早诊断、早治疗、早康复。

提出这种模式，是基于以下两方面考虑。一是医院的权威和可信度。它在民众中的地位不言而喻，社区群众对医院的宣传、治疗更加依赖和信任，社区心理服务依托公立医院的协助来开展，有利于心理服务的认可及取得工作成效。二是出于民众对心理问题的认知度。广大民众对心理的认识水平不高，心理问题往往到了心理障碍及心理疾病的程度才能引起人们的重视，针对这种认知特点，一旦民众有需求时就需要临床心理医生才能解决问题了。

考虑到医院本身工作繁忙及心理问题的形成与消除具有长期性的特点，医院派驻的心理医生可采取灵活的问诊制，如安排医师前来坐诊，可固定时间也可灵活时间，可固定人员也可轮值，总之要保证社区的心理宣传、心理诊疗有人做，医生来了有事做，不浪费医务资源。

除了安排医师定时到社区坐诊外，医院还可为社区心理服务机构人员提供专业培训。医院定期派专家对社区心理服务人员进行心理卫生的预防及心理疾病的识别的培训和指导，在理论和技能上均给予指导，提高社区心理服务人员的专业素养，从而提升服务能力。

可制定社区与医院联合考核的机制，鼓励更多的专科医生来社区坐诊和援助，把医生在社区服务算作“驻乡镇”医院工作经历，其工作业绩算入年度考核评级晋级中，提高医生参与社区心理服务的积极性，提升对社区心理服务的认同感。

高校与社区对接模式。这种模式表现在驻市高校及高职院校与社区紧密合作，高校的心理学专业人员进驻社区，通过各种合作方式建立常驻机制，给社区提供长期的技术支持和跟踪指导。

高校与社区的对接可以体现在三个方面：一是提供服务。心理学教师与心理咨询师为社区提供心理服务，通过讲座向居民集中普及心理健康知识；通过心理咨询，以消除人们的心理困惑和轻度心理问题；通过心理疏导，助力人们更好地理解环境、适应社会。二是提供培训。高校心理学教师定期长期给社区心理服务人员进行培训，帮助他们提高服务的专业水平。三是建立实习实训基地。将社区心理服务机构作为心理学及医学心理学学生的实习实训基地，相关专业高年级学生参与到社区心理服务中，帮助社区分门别类建立各种心理档案，协助进行心理宣传。

为了激励更多的高校心理专业人员服务社区，可将教师在社区服务算作高校教师的社会实践经历或服务地方项目，并可参考纳入职称资格评审的必备条件，促进心理教师积极投入社区心理服务中。

社会团体或个人进驻社区模式。这一模式是指有资质的社会团体或个人给社区提供有偿或公益的心理服务。有资质的社会团体指专门做心理服务的社会组织或企业，而有资质的个人指具有心理服务资质的个体或志愿者。这种进驻社区的模式与其他两种相比有两大优势：一是由于有些是购买服务，机构或个人会有更多的时间、更专心专注在社区做好心理服务工作；二是由于社会团体或个人的人员背景多样（有专业人员、有社会工作者、有志于心理服务的志愿者等），能更好满足民众多样的心理需求。

社会团体或个人可以根据社区的要求制定为民服务的内容和方式，开设专题讲座，进行知识和方法的宣传普及；可针对不同群体进行专项心理辅导，如对青少年的青春期教育，对家长的亲子关系教育，对夫妻的婚姻关系教育；可提供个体心理咨询、团体心理辅导；可为居民建立心理档案并跟踪回访。

（3）建立社区心理服务平台

市域社会心理服务有自己的工作平台，社区心理服务也需要相应平台才能施展拳脚。根据社区工作的功能及特点，社区心理服务可倚靠以下平台开展工作：

社区“综治”中心。社区心理服务可以社区综治中心为平台开展工作。一是因为综治办是政法委的一个协调部门，自 2010 年我国大力加强基层综治中心的建设工作开始，每一个社区（居委会）都有综治的职能，并有综治中心的场所、挂牌办公，因此它是每个社区都有的功能性机构。二是每个社区综治中心都负责“心防”工程（“心防”工程是指由政府牵头，组建“心防”工程服务团队，为居民构建“心理防线”的一项重大工程），工作开展较好的社区在综治中心即设有心防工作的配套设施，如心理测量室、心理咨询室等，这些设施及功能都可以被社区心理服务拿来所用，无需再费周张另起炉灶。这个平台的优点是贴近群众，贴近群众问题；工作基础较好，特别是其中网格员能起到非常重要的作用；更贴近社会治理的方向，能较有效地解决社会治理中的一些问题。缺点是面对严重心理（精神）健康问题及病后社区康复等专业性要求高的工作不专业，需要进行转介。

社区卫生服务中心。社区卫生服务中心是由卫生部门设立的为居民提供卫生保健系列活动的机构，它独立于居委会，具有服务对象的广泛性（面向基层群众）和服务工作的综合性（与家庭社区结合、健康促进与治疗结合）的特点。

社区心理服务可依托社区卫生服务中心，在中心里单独设置一个较为简单的专门化、专业性的“社区心理服务”科室，科室人员包括心理咨询师、心理学专家、导诊员、护理员以及心理学专业的实习生等。在这里坐诊的心理医生可以是原社区卫生服务中心具有心理学或精神医学背景的医生，也可以聘请心理学专家、大学心理教授，心理咨询师。这个平台比社区综治中心开展的社会心理服务专业性更强，在遇到严重病情时，他们能够快速行动，正确科学研判，转介到专科医院更便捷。缺点是正因为专业性强，也体现出服务内容狭窄的特点，不能面向全体和全局，缩小了社区心理服务的功能和格局。

社区心理服务中心。以上两种平台依托社区现有机构或机构的现有功能，是比较简便易行的方式。但两者均有局限，笔者认为还可以单独设置社区心理服务中心作为平台，较之前两个平台，社区心理服务中心可将前两者的优势集中，缺点规避，使社区心理服务工作更为全面和系统。

社区心理服务中心可设置咨询室、团辅室、测评室、放松室、沙盘室等。专业人员可运用前面的服务模式，由医院、高校、社会组织负责；社区心理服务的前端和后端工作人员可作为工勤岗或综合岗，由转岗或社会招聘而来。如本书第四章有关内容所述，中心所需资金可通过街道预算、民间注资、社会捐赠、部分服务收费等方式获得。服务内容既有治疗也有预防、既有个体也有整体、既有专业性也有发展性。

（4）严格的训练与考核保证工作人员的专业性

心理或精神问题从来就不是单一因素影响导致的，社区心理服务也不是单一学科的理论与实践就能解决的问题。社区心理服务作为社会心理服务的基层形式，笔者认为有心理学临床背景的人员应占到工作人员的一半以上，同时吸收社会学、医学、精神病学、护理学等专业背景的人员，多样化专业的融合能利用自己所长及结合他人专长，创新性地开展社区心理服务工作。

需要有相关资质及长期的临床实践与专业训练。自 2002 年 7 月心理咨询师资格项目全国正式启动到 2018 年结束，在不到 20 年的时间里，有超过 100 万人获得了证书，但并不是这 100 多万人都能上岗从业，由于实践经历不一，他们的水平参差不齐，心理咨询师存在的这种现象在社会化资格考试的其他职业中也一定存在理论与实践脱节、证书与能力不符的现象。目前，我国有 2.77 万精神科医师、1 万余心理治疗师，与此并行的是我国人口近 14 亿，专业人才与居民比为 3713∶1，近 4000 人才配有一个专业人才，专业心理服务人才极度缺乏，还需要大力培养、大力吸纳相关专业背景的人员加入社区和社会心理服务的行列。但即便在这种情况下，也不能放松社区心理服务的人员的资质与能力要求，一定要经过长期的临床实践，经过专业训练、考核，具备相对成熟的社会心理服务和干预经验，方能上岗。

从事社区心理服务的人员要精心配置。根据社区服务对象及服务需求的不同，匹配的服务人员也要不同。对于有心理素质提升需求的人要匹配专业知识好、口才好的心理教师与一些社工人员、志愿者开展宣传普及、讲座提升、拓展训练等活动；针对日常生活工作交往中存在心理困惑、负性事件的人要匹配专业和临床经验较好的心理咨询师、婚姻家庭咨询师、青少年问题解决专家等开展咨询活动；针对治疗之后的精神与心理患者，要匹配资深精神科医生、护士、心理医生等开展愈后及回归社会的持续服务；针对有阻抗、有成瘾、有攻击的人，要匹配具有健康教育、应对攻击、成瘾治疗经验的多专业人员开展支持与治疗服务。

（5）扶持与监督是社区开展心理服务的重要保障

扶持：政府有关部门要研究制定体现社会心理服务价值的相关政策措施，培育发展社会心理服务机构，调动服务人员的积极性；创新多种社会心理服务的路径，如建立服务网站、自助平台、移动应用程序等为民众提供专业化、全面化的心理服务；政府对平台的社会心理服务开展给予必要的经费保障，探索社会资本投入心理服务领域的政策措施；同时探索多元的资金筹措办法，开通公益性服务的资金捐助渠道，提供保障和激励措施。政府部门及社会相关企业也可再尝试政策扶持、经费资助或奖励科研院所主动参与社会治理的心理学理论研究与实践指导，鼓励成立专业学会、民间行业协会，鼓励发展一批以心理服务为工作内容的社会机构，使社会心理服务能够积极有效开展活动。

督导：随着基层对心理服务的广泛需求，各类与社会心理服务相关的企业、工作室等社会机构迎来了发展的春天，纷纷在社区落户。但我国的社会心理服务规范发展的时间短、行业各项制度尚不完善。社会心理服务平台的中观决策组织机构及心理服务专家委员会应该承担起对整个平台执行情况，特别是微观的社区心理服务进行监督评估的任务，对政策、制度、经费、成效等进行督查，促进社会心理服务平台的专业化、制度化发展。

我国社区心理服务比欧洲、美洲晚了数十年，但近几年的发展速度还是有目共睹的，社会心理服务的试点地区从 2016 年的 12 个发展到如今的 70 多个，成效也是有目共睹的，在这个领域又一次给世人惊现了“中国速度”。国家、社会、居民都已经在不同程度上意识到社会心态以及开展心理服务的重要性和必要性，我们有理由相信社会心理服务发展的形势和前景必将美好！

后记

社会心理服务作为国家战略提出，让每一位心理学人激动不已。当我开始写这本书时，正值封闭出差。没有 wifi，没有手机的那段日子，内心变得安静简单。因为有这个书稿任务，简单的生活又变得充盈。那段日子，我和友人的沟通变得更加深入，这种深入的沟通同时带来了身心同行后的思维深刻，还有曲水流觞般的雅趣。我想新兴的社会心理服务及学者的学术研究是不是也亦如此呢，给自己一段不受打扰的时光，停下来，回顾身后等等那有可能落下的灵魂；给彼此一段不受打扰的时光，四处瞭望，细思社会心理服务如火如荼的当下该如何走在本源的道路上；唯有在这种不为现实压力追赶、心远地偏的时空里，人们的思泉才不至于渐渐衰微、才能接近事物的逻辑本真，才能看清事物的本质。尤记得那天结束了所有的写作任务、完成了我国市域社会心理服务之旅，披衣推门倚靠阳台栏杆，静看秀美的西海及远处叠嶂的层峦，内心升腾起空旷、静美的愉悦之感；有如人本主义心理学家马斯洛曾经的体验，一个个心理学家此刻从我的眼前走过，他们有的大步流星、有的驻足回望，那么意气风发又使命在肩，他们有如涛涛江水和闪烁的星空，充满活力，指引着后继心理学人前行的方向。

此日不得志，青春徒少年。幸好，很多人一直在努力。在这个伟大的时代，心理学的春天真的要来了！把理论研究进行实践转向，将为学术和学者开辟出更广阔的服务空间；以学术回应现实，将为学术和学者彰显更强有力的学科价值。增强理论学术对现实的回应力与改造力，这是心理学的初心，唯有回归此心，才能回赠时代与人民的热盼。

对中国心理学人而言，大幕渐启，盛宴将至！